過疎地の特性を活かす創造的教育

――美山町（京都府）のケースを中心に――

村田翼夫・山口満　編著

東信堂

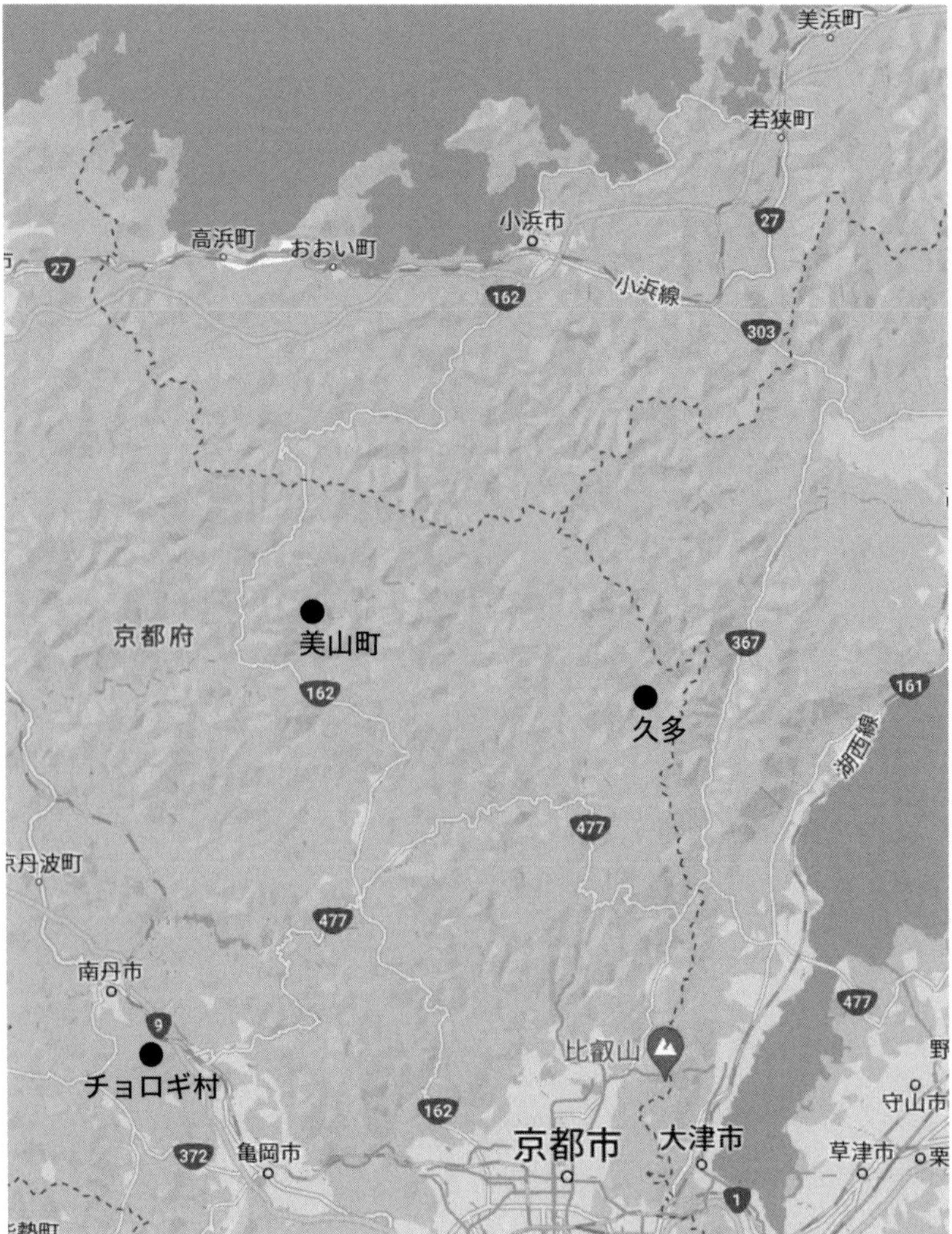

調査地（美山町、チョロギ村、久多）の所在地

はしがき

村田翼夫

⑴過疎地訪問と研究会

二〇一五年七月に研究者仲間と一緒に京都府南丹市の美山町を訪問した。主に、同町ご出身の山口満氏のご案内で、知井《ちい》小学校（開校中）、分校、**美山《みやま》山村留学センター**、かやぶきの里などを見学した。当日は、かやぶきの里近くの民宿に一泊した。その時、東信堂の下田勝司社長夫妻も参加された。

知井小学校では、他の小学校と合わせて学校統合が迫っていることも聞かされた。また、山村留学センターでは、都会の子が一～二年間も家族と離れて生活・学習している姿をみて感動した。民宿に宿泊した時に宿の主人から、「道路が整備され便利になったが、観光客は宿泊せずに次の観光地へバスや自家用車で出かけてしまうようになった」と嘆いていらっしゃった。また、林業の衰退状況の話も聞いた。

二回目は、二〇一九年五月三一日にやはり山口氏とともに再訪し、長野光孝氏(元校長)に自動車で案内してもらった。二〇一六年に美山町にあった五つの小学校が廃校となり、美山小学校に統合されていた。その美山小学校、廃校となった知井小学校、ならびに美山山村留学センターを訪ねた。美山小学校では、児童数が増え一〇〇人余りとなっていた。地域との交流を図る教育活動が活発に実践されていることも印象的であった。他方、遠距離にある部落からスクールバスで通学する児童達は時間を要し、放課後の活動参加が難しいという悩みを聞いた。廃校となった知井小学校の校舎やグランドは、住民のための図書館、休日の子どもたちのリクリエーションなどに使われていた。同小学校に児童を通わせていた保護者たちの中には知井小学校は残して欲しかったという強い意見があるということであった。

二〇二〇年七月二九日には三回目として上田学氏と一緒に美山町へ行き、長野氏のご案内により旧知井小学校および山村留学センターを再訪した。旧知井小学校では、子どもや成人のためのスポーツ活動、生涯学習の広場としての書道教室や母親学級などに活用の幅が広がっていた。山村留学センターでは、留学生達の話を聞くとともに彼/彼女等へのアンケート調査も実施した。その時、澤田利通センター運営委員長から二〇周年を契機に同センターは廃止の方向で検討されていると聞き驚いた。そのことも確かめる目的で帰途に南丹市教育員会を訪ね、教育長から説明を受けた。

こうした美山町の教育や産業の状況を見て東信堂の下田社長は、「美山町は少子高齢化、産業の衰退により学校統廃合を余儀なくされ、過疎化の問題が象徴的に表れている。今後の地方創生と教育の再興を考えるのにふさわしい地域ではないか。是非、『美山町から日本の教育を考える』といったタイトルで論述をまとめてみてはどうか」と提案された。そのことが今回の書籍作成の切っ掛けとなった。

☆　☆　☆

二〇一八年七月には、地方の新しい産業発展のケースを見てみたいということから、近畿中学校社会科教育研究会の会長であった山本宏之氏の計画により研究者五人で、**岡山県真庭《まにわ》市にあるバイオマス発電所**を見に行った。バイオマス発電は生物資源を直接燃焼またはガス化して発電する。真庭市の発電所は、木材を使用していた。木材をチップにする大きな工場が三つもあり中心に銘建工業のバイオマス発電所があった。それは二〇一五年に民間の有志の手により設立され、一日に二二、〇〇〇kwの電気を産出していた。年間に約一億円の利益を生んでいるとのことであった。産出された電気は市役所、学校などの公的機関に無料で提供されていた。工場の敷地、バイオマスツアーなどには、真庭市が協力していた。林業の衰退が問題視される今、木材の有効利用は注目される。また、新しいバイオマス関係の仕事を求めて若者も移住してきているとのことであった。

さらに、**亀岡市神前《こうざき》地区で行われている薬草栽培**も興味深い。この地区でも人口減少がみられるが、村おこしのために新しい事業が始まっていた。この事業については、本書で森隆治氏に「チョロギ村（京都・亀岡）の過疎化対策と教育」というタイトルで論述してもらっている（第2章）。薬草であるチョロギや金時生姜などを事業として栽培を始めたのは二〇一八年以降であった。村の中心地に「**森のステーション**」を創設し、薬膳料理を提供するレストラン、薬草や民芸品を販売する売店、伝統産業であった砥石《といし》の博物館などを設けた。ステーションには、薬草の栽培地もある。レストランで働くのは地元の住民であり、薬膳料理に興味を持つ若い家族の移住も起きている。いわば、地域内循環型経済を展開している。「森のステーション」には、二回訪問した。二〇二〇年六月二六日には、本書作成に関係している研究者が集まり、「過疎地の教育」に関する研究会を持った。その後、森氏の案内で薬膳料理を賞味し、売店、博物館、薬草の栽培を見学した。また、同年一一月二六日にも再訪し、村の経済、社会や教育事情についてお聞きし、またステーションが実践する教育活動についても説明を受けた。

過疎地訪問と同時に、過疎地教育に関する研究会ならびに本書作成のための編集委員会を開いた。第一回（二〇二〇年一月三一日）および第二回（二〇二〇年三月二七日）は、関係メンバーが山本宏之氏の自宅に集まり、美山市を中心とする過疎地教育の状況、問題、および課題を検討した。また、執筆者の分担領域の割り当ても行った。第三回は、前述の「森のステーション」におけるものである。特に、森隆治氏から「チョロギ村」の新産業と教育の関係に関して報告があり、村における人口減と若者の移住可能性に関して議論した。第四回（二〇二〇年八月二二日）と第五回（二〇二〇年九月三〇日）には、メンバーがそれぞれ京都市と高槻市に集まり、各分担者が研究の進捗状況を報告し過疎地教育の問題のみならずメリットについても議論した。二〇二一年一〇月九日には、分担者による編集員委員会を開き、本書の内容、構成、まとめ方を検討した。

(2) 少子高齢化、過疎化への対策

少子高齢化、過疎化の動向に関しては、上田氏が第４章で触れているが、その原因や対策についてさらに考察しておく。

一九五〇年代後半から高度経済成長が本格化し、農山村から都市部へ大規模な人口移動があった。特に、働き盛りの若者や壮年層が急激かつ大量に都市部へ流出し農山村の生活や生産の基盤が揺らいだ。その他、エネルギー革命により製炭需要が急激に落ち込み、農家は新たな収入の方法を模索しなければならなかった。一九七〇年代初頭には、農山村への工業の導入が図られた。しかし、農山村に設立されたのは分工場で、本社は大都市にあり収益の多くは本社へ移転され、農山村への効果は限定的であった。

一九七〇年代後半に地域内の資源を活用して地域内発的な経済振興を図る「村おこし運動」、「村づくり運動」が活発化した。地域の特産物開発や都市と農山村との交流活動も盛んになった。この時期から学校教育の一環として山村留学や自然体験学習が行われるようになった。しかし、取組の画一化や地域間競争を引き起こした。

一九八七年の「総合保養地域整備法（リゾート法）」の制定を受け、都市の大資本によるリゾート開発が全国に波及した。リゾート施設やゴルフ場、スキー場などが誘致された。しかし、資本が地方に循環せず利益は本社に吸い上げられ期待したほどの経済効果をもたらさなかった。その後、日本経済・政策の国際化が進行し、生産拠点が海外へ移転した。その結果、農山村の工場は次々と閉鎖に追い込まれた。

一九九〇年代後半以降、農業や林業、製造業、建築業といった従来の産業区分に収まらない、新たな経済活動が多く見られるようになった。農産加工、農家レストラン、農山村体験や農村ツーリズムなど「都市農村交流型経済」の動きであった。一九七〇年代の「村おこし運動」の延長として展開しているものも少なくない。これらの取組は、コミュニティ・ビジネスと位置づけられている。それは、「小さな経済」ともいわれ、中小規模の所得機会を作り、その利益を地域内に循環させるものである。地域資源の見直し、再発見につながっている。亀岡市の神前地区にできた「森のステーション」(第2章参照)における薬膳料理レストラン、薬草の栽培、薬草・民芸品の売店などの試みはまさにコミュニティ・ビジネスに相当するであろう。

二〇〇〇年代に入り、都市と農山漁村の共生・対流に関するプロジェクト(二〇〇二年)、エコツーリズム推進法(二〇〇七年)、子ども農山漁村交流プロジェクト(二〇〇八年)などが施行された。これらの活動により、都市と農村との交流は、協働の段階に入ったといわれた。

過疎地を含む地域の発展には、地域資源の保全的利用を行う内発的発展が重要である。そのためには、環境的、経済的、社会的側面を統合的に向上させる地域内循環型経済が重要であると指摘されている。環境では、再生可能エネルギーの開発の観点からバイオマスエネルギー、小水力発電、メガソーラーの建設など。教育では、農林業の体験学習。福祉では、高齢者対策、生活交通サービスなどが考えられる。

地域づくりには、内発的発展の戦略が重要であることは間違いないが、その持続化のためには地域外との協働的な取組の重要性も見逃してはならない。いずれの地域でも内発的な力と外来的な力が存在しており、内部と外部が相互に関係協働し合わなければならない。

外部との連携を意識した農山村再生戦略は「ネオ内発的発展論」と呼ばれる。「都市農村交流型経済」の提唱があったが、こうした地域発展を広範囲にとらえて再生を検討することに留意する必要があろう。

上田氏が第4章で指摘していることであるが、近年、都市住民で若い世代の人々の中に「農山村へ移住したい」、「農漁村と都市の二地域に居住したい」と希望する者が増加しているという。最近のコロナ禍の影響で自宅におけるテレワークの仕事が増えているので、自然が豊かな地域への移住希望は理解できるところである。また、上田氏が最後に指摘しているように、そういう希望者に、地方、過疎地の良さをアピールする情報の提供は大切であろう。移住者への住宅の確保、固定資産税・住民税の軽減、免税などの優遇策なども考えられる。

⑶本書の特色

本書では、前述のように京都府南丹市の美山町、亀岡市のチョロギ村、京都市左京区久多《くた》の三ヵ所における過疎地の社会・教育状況を問題点も含めて叙述した。これら過疎地における特性を生かす創造的教育を検討した。主な内容としては、少子高齢化事情、学校統合問題、地域教育、コミュニティ・スクール、山村留学センター、過疎地域活性化の事業、教育改善の取組、若い世代の移住、過疎地（山里）の教育的価値（いなか塾・村留学など）などである。さらに、最後の第4章では、少子化高齢化の全国的な特徴を検討して、少子化の教育への影響、政府の過疎対策について述べるとともに、全国の過疎地にとって今後重要な地方移住の推進策や教育再生への課題を示した。

これらの貴重な論述を踏まえて、過疎地教育の重要なメリットと課題について「あとがき」でまとめておいた。それらは、少人数教育、自然教育、学校と地域の協力、過疎地と都市との交流、地域産業発展に資する教育、行政による支援などである。また、この過疎地教育と関連して今後の我が国における主要な教育課題として学習指導要領の柔軟化、教員異動への配慮、および過疎地教育に対する教育費補助の拡大の三点を指摘した。

目次／過疎地の特性を活かす創造的教育——美山町（京都府）のケースを中心に——

第2章　チョロギ村（京都・亀岡）の過疎化対策と教育…森　隆治　69

第3章　京都・久多で田舎暮らしを学ぶ……………………久保田賢一　87
——山里での教育の可能性

過疎地の特性を活かす創造的教育

――美山町（京都府）のケースを中心に――

第1章

京都・美山の地域と教育

第1節　美山の地域と教育——知井地区を事例として　長野光孝

第2節　美山小学校の教育実践と今後の展望
——コミュニティ・スクールと「美山学」への取組を中心にして　山口　満

第3節　山村留学センターの意義と課題——美山町のケースを中心に　村田翼夫

〔**概要**〕本章では、京都・美山町の過疎地における教育状況と課題を三節に分けて論述する。

第1節　長野光孝

京都府南丹市の中山間地帯にある美山町でも少子高齢化、過疎化が進んでいる。二〇一六年美山町の五つの小学校が一校に統合され、新しい美山小学校が発足した。

本節では、旧知井小学校の経験を中心にして、具体的に美山における伝統的な少人数教育を紹介する。そこでは、学校教育と地域づくりが一体的に進められ、生活と結びついた郷土教育が展開されてきた。自然学習を取り入れた小規模クラスの教育により、多学年の子どもへの複層的教育を行なう先生と児童の心が通い真の学力が身につくことが強調される。

また、二〇一六年に知井小学校が廃校になった後の跡地活用についても説明している。①地区の児童生徒に対する開校（バレーボールなど）、②地区の文化・スポーツ活動の広場（歌声サークル、太極拳など）、③生涯学習の広場（書道教室、脳トレなど）、④都市交流の広場（大学生のボランティア活動、山村留学センターの児童生徒の交流など）、⑤学園資料館、⑥高齢者介護施設、などである。各活動について参加者の種類、参加人数も具体的に紹介される。

第2節　山口　満

本節では、統合された美山小学校におけるコミュニティ・スクールの発展、並びに美山の教育的風土を基盤にした美山学の展開について論述する。

二〇一八年四月に学校運営協議会が認められ「コミュニティ・スクール」が発足した。その実践のために熟議が展開された。それは、教育活動をより豊かにし多彩で変化に富むものにする上で役立った。

「美山学」の実践的研究は、美山小学校の開校とともに始まった。「美山学」のカリキュラムの特色として、総合的な学習、体験学習、地域に対する誇りや愛情を育てる、美山の資源活用などをあげている。また「美山学」の成果では、児童の学びへの主体的な態度、思考力、実践力などが伸びて基礎学力が身についたと指摘されている。さらに、今後の展望・課題では、地域住民の信頼関係を築きつつコミュニティ・スクールを増進すること、全人的教育に重点を置き、田園教育思想などを考慮して美山小学校の教育実践に深い教育的価値を見出すことなどが強調される。

第3節　村田翼夫

一九九八年に美山に山村留学センターが設立され、近くの都市から留学生を受け入れてきた。年に約一〇人である。その特色は、児童生徒が一～二年の長期にわたり山村で仲間と共同生活を送りつつよき生活習慣を身につける。自然体験活動ができる(田植え、ジャガイモ掘り、川遊び、山登り、雪遊びなど)。ここには指導員二名、寮母二名が常時配置されている。週に一泊の里親制度が実施されている、などである。

同センターの意義として四点あげられている。山村と都会の子どもたちの交流により両者に活気を与える、共同生活を通して子どもの忍耐力、社会力、自立心を育成する、自然との直接体験により感動を与え思考力、集中力が身につく、若者が山村に興味をもち、将来、山村に滞在する契機となり得る、などである。

今後、行政側からの財政援助、地域および学校の協力、山村留学センターの積極的な情報提供等が課題として指摘される。

第1節　美山の地域と教育――知井地区を事例として

長野光孝

1. 美山町の概要

美山町は、二〇〇四（平成一八）年一月一日付で、園部・八木・日吉町と合併して北桑田郡美山町から南丹市美山町へと変わることになった。美山町の面積は南丹市の約半分を占める。福井・滋賀県に隣接する山岳地帯から西に向かって流れる由良川の大野ダムまで（約六〇㎞）川沿いに五七の集落が散在する中山間農山村地域である。過疎で少子・高齢化が進み、南丹市合併時の約四五〇〇人が、二〇〇〇年には約三七〇〇人に減少、高齢化率は四七％を超えている。そのため、五七集落のうち五二集落が「限界集落」または「準限界集落」となっている。

由良川源流域には広大な自然林が広がり暖温帯と暖寒帯の多様な植物が分布している（京都大学「芦生研究林」が管理）。山間には古代から若狭と京の都を結ぶ道が開かれ若狭の海産物や都の文物が行き交った（「西の鯖街道」と言われている）。その結果、辺鄙な山里には不思議なほどに都ぶりの仏像や文化財などがみられ、古い民俗や生活様式が現在に継承されている。

美山町は、「日本一の田舎づくり」をスローガンに掲げ、一九八九年に村おこし課を設置して美しい町づくり条例を制定し、人口減少下でも充実したまちづくりを目指し「田んぼは四角・心は丸く」を合言葉に圃《ほ》場《じょう》整備を進めたり、「結」(〝日役〟〝てんごり〟と言う)によりかやぶき屋根や里山を維持し、伝統的な暮らしや文化を守ってきた。美山・知井地区では、「青少年芦生《あしう》山の家」、「美山町自然文化村」、「山村留学センター」を創設して、学校と連携した都市交流が進められた。

一九九三(平成五)年には、知井・北区のかやぶき屋根集落が国の「重要伝統的建造物群保存地区」に選定された。二〇一六(平成二八)年に、「地域による、地域を生かした、地域のための観光」を目指した美山エコツーリズム推進協議会、観光地域づくり法人が立ち上げられ、同年三月、美山町全域が「京都丹波高原国定公園」(右京区京北・和知・綾部の一部を含む)に指定された。

そして、二〇二一(令和三)年一二月スペインで開催された国連世界観光機関(UNWTO)総会において加盟七五か国・一七四地域の中から四四の「ベスト・ツーリズム・ビレッジ(BTV)」が発表され日本代表として美山町と北海道ニセコ町が選出された。美山の自然と文化、地域コミュニティに根ざした民俗や生活様式を守り、さらに持続的発展を可能にするための努力が行われていることが世界的に認められたのである。

2. 小学校の統廃合

人口減少下でも充実したまちづくりを目指す中、二〇一三(平成二五)年一月には南丹市教育委員会は市内一七小学校を七小学校（美山町一校、八木町二校、園部町二校、日吉町二校）に統合する「小学校再編整備計画（案）」を取りまとめた。「はじめに子どもありき」と謳い、〝子どもに生きる力をつけるために学校の適正規模が必要である〟とその趣旨を述べている。同年六月、市議会においてこの提案に基づく学校設置条例の一部改正案が可決され、七月三日付で「南丹市小学校再編整備計画」が市教委により発表された。それによると、「美山中学校ブロック」に属する五小学校は、二〇一六（平成二八）年四月一日付で宮島小学校を「拠点校舎」とする「美山小学校」に再編、統合されることになった。

なお、統合前の二〇一五年度における美山町の五小学校名は以下の通りである。知井《ちい》小学校三五名、平屋小学校三〇名、宮島小学校三四名、鶴ヶ岡小学校一六名、大野小学校一八名、合計一三三名である。これら五つの小学校は、一九五五（昭和三〇）年四月一日付で知井村、平屋村、宮島村、鶴ヶ岡村、大野村が合併して「美山町」が誕生する以前の五か村にそれぞれ一校ずつ設置されていた。

3. 知井小学校の事例

小学校再編整備の結果、知井小学校に在籍する児童は全員が、長距離のバス通学を余儀なくされるにいたった。知井校区の面積は広いため、芦生区の児童は自宅から美山小学校まで片道約三〇㎞をバスで一時間かけて通学しなければならない。「冬期積雪が多い知井地区からのバス通学の問題」、「今までの少人数教育の良さがなくなる」、「小学校は地域のコミュニティセンターとしてもなくしてはならない」、「校区の広い美山には二校が必要」等、知井地区住民の願いが教育委員会に寄せられたが、再編成（美山町一校に統廃合）は計画通り実施された。

(1)村是「山に良材　里に人材」と知井小学校

知井小学校の創立は一八七四（明治六）年。その後、佐々里・芦生・知見・田歌区に、四つの分校が設置された。一九〇四（明治三七）年、時の村長は村議会で〃山に良材をつくり、里に人材をつくる〃を村是とした。他村に先駆け広大な村有山林を学校林に指定し学校教育の財源に充てた。「知井村奨学資金制度」を立ち上げ師範学校や中等学校に進学する生徒に給付して人材育成を図った。以来、学校と地域づくりが一体的に進められ、学校林の植林、農園・家畜飼育など「愛林教育」が取組まれ、スキー教育、生活と結びついた「郷土教育」などが取組まれてきた。

一九三六（昭和一一年）、新校舎が竣工。二階建ての本館、講堂は全て地元産のヒノキ材を使用、特に講堂は当時〃府下最高の総ヒノキ建築〃として評判になり村民の誇りとなった。

戦後も、学校林の収益が図書や理科備品などに充てられた。同じ校地内に保育所、中学校、定時制高校が設置され、知井学園として保・小・中・高が連携した教育実践が展開された。一九五四（昭和二九）年、知井小学校は最初の文部省へき地教育研究指定校となり、「第1回全国へき地教育研究大会」が開催された。京都大学鰺坂二夫教授は、地域と結びついた学習、分校の少人数・複式授業、幼・小・中・高校が連携した指導などの教育実践を高く評価した。

六〇年代の高度成長期以降急激に過疎化が進み、知井地区の定時制高校や中学校は宮島地区に統合され、知井小学校の四つの分校も本校に統合された。その後も児童数が減り続け複式学級が浮上、一九九七（平成九）年に〝山村留学〟で子どもの数を増やして「複式学級問題」を解消し都市児童との交流などで学校活性化を図った（本章第3節参照）。学校施設は休日や夜間は地域住民に開放され、村の会議やリクリエーションをする地域のコミュニティセンターとして利用されてきた。教育を村是とした知井地区の学校存続に向けた努力や願いは実現せず、新しい美山小学校に託されることになった。

⑵少人数教育の復権

二〇一九年、中国で発生した新型コロナウイルスが全世界中に拡がり、日本も緊急事態宣言下に初の全国学校一斉休校措置が取られた。その後もマスク着用や三密の排除、ワクチン接種、まん延防止等重点措置が講じられてきたが未だ収束していない。

美山小学校は二〇年春の一斉休校の後、感染予防の徹底、通学バス内での「密」対策、オンライン学習、学校行事・部活動の制限などが取組まれてきたが、子どもの生活面・学習面・心理面への影響が危惧されている。（山村留学の児童は、学校休業中や学年閉鎖中も自宅に帰らずセンターで平常の生活を過ごした。コロナ禍で休校中も平常通り美山で生活する山村留学の様子が京都新聞一面に大きく報じられた。）

二〇二一年三月、国会では四〇年ぶりに学級編成・教職員定数改善を議決した。過疎地の学校教育を〝持続可能〟にするには、学級・教職定数改善を改善して教職員を増やし「少人数」でも学校を維持し、先生と子どもの心を結ぶことが必要である。統合前の美山・五小学校で築かれてきた「少人数教育」の伝統は、美山小学校に復権して生かされている。

4. 知井小学校の跡地利用の実情と問題点

一四三年にわたって地域の教育の中核であった知井小学校は、二〇一六年三月末をもって閉校となり、児童は自宅から約二〇～三〇キロ離れた美山小学校に通わざるを得なくなった。遠方への転校による不便さを回避するため、教育委員会は通学バスを用意して便宜をはかることとなった。通学の不便さや学業その他に及ぼす影響は少なくないと思われるが、在籍児童数の現状には抗うことはできなかった。

閉鎖された知井小学校の校舎は一九九七(平成九)年に新築されており、地元の木材を随所に使い、玄関は総ヒノキ造りの気品ある風情をもった建物となってい

写真1　知井小学校のヒノキづくりの校舎

る（**写真1**）。学校は、昔から地域の文化センターとして活用されてきたことだけでなく、このような比較的新しい建物を何もせずに放置しておくことはもったいないということは誰もが思うところであり、廃校後の校舎・グラウンドは知井地域振興の拠点として活用するのが当然であったといえよう。

南丹市は、知井地区における小学校の跡地利用の計画とその実施について、二〇〇一（平成一三）年に設立された「知井振興会」に委託している。[1]その理由は言うまでもなく学校そのものが長く地域に密着した存在であり、住民からの愛着度が高かったからであろうと考えられる。

では、具体的には学校跡地を活用してどのような活動が行われてきたのであろうか。

第一にあげられるのは、地域振興イベント、住民の生涯学習、文化・スポーツに関連する事業である。（学校は教室、特別教室、ランチルーム、体育館、グラウンド、冷暖房設備があり、多様な活動に対応できる。）学校では、知井地区の都市交流三大イベント（八月：鮎祭り、一一月：楽農祭り、二月：雪灯廊）の企画・運営の集まりが夜遅くまで開かれてきた。また、地域の課題に取組む各種の〝住民学習会〟が開かれてきた。例えば、「人権学習会」、「美山の医療を考える会」、知井の喫緊課題である「水道問題」や「北陸新幹線問題」、「鹿・猿の獣害対策」等、その都度専門家や行政関係者を招聘して学習会が開かれてきた。知井振興会事務局が企画運営にあたってきた。

第二には、地元のサークルが学校施設を文化・スポーツ活動の拠点として利用することである。具体的な活動事例を簡単に見ておくことにする。

まず、読み聞かせサークル〝おむすび〟（一〇名）、人形サークル〝そらまめ〟（五名）がある。日曜日に〝おむすび〝ルームを子どもに開放。月一回は小学校や保育園の読み聞かせに出向いている（**写真2**）。〝そらまめ〟は週一回、練習や人形制作に取組み、学校や老人介護施設などに出かけて公演している。また、〝書道教室〟は月二回で、成人三〜四名、小中学生一五〜一六名が通っている。作品は地元新聞「ふるさと」や町文化ホールにも展示されるので良い刺激になっている。

スポーツ面では、筋トレサークル（一〇名）、太極拳サークル（一〇〜一五名）が毎週一回活動している。晴れた日はいつもグラウンドで数名がグラウンド・ゴルフを楽しんでいる。歌声サークル〝カナリア〟は、月一回アコーディオン伴奏で歌っている（二〇〜三〇名）。カナリアの手づくりケーキ、コーヒーのサービスもある。

例年一一月には、グラウンドで地域総出の「知井地区大運動会」が開催されている。一二月には体育館で「知井文化の集い」が保育園児から高齢者まで知井地域総ぐるみで開催され、コーラスや演劇、意見発表、作品展示などが行われている。このような各種の活動への参加はもちろん任意であり、興味の有無、家の用事や体調などによって参加人数にはばらつきがある。また、芦生や佐々里など学校まで約十五キロも離れた集落もあり、出かけるのに困難をきたす人も多いが市営バスや住民の車に乗り合わせて集まっている。

第三には、教室、家庭科室の一部を宿泊ができるように改修して大学生の〝ワークキャンプ〟の拠点施設としていることも見逃せない。このキャンプは二八年前に華頂短期大学名賀亨先生の主宰で始まった学生ボランティア活動で、関西地区の大学生二〇〜三〇名が参加している。近年は遠方の関東や韓国の大学生も参加。学生たちは、学校で合宿しながら知井地区内の限界集落（学生たちは「支援集落」と呼称）に入り、独居高齢者宅の雪下ろしや雪かき、生活相談の傾聴、田んぼ水路の泥上げ、盆踊りの手伝いなどに取組み、住民に喜ばれている。大学生にとって、限界集落の暮らしぶりに触れ、地域の人々に感謝されることが充実感となり、ボランティアを体得し学習している。卒業して社会人になってからもキャンプに参加する人がいる。

さらに、都会交流の一環として取組まれている美山山村留学センター親の会、OB会の場所となっている。

第四には、知井学園資料館の設置である。知井小学校、芦生分校、佐々里分校、知見分校、田歌分校の資料やアルバム、隣接した北星中学校知井分校・八ヶ峰中学校、北桑田高校定時制知井分校、美山山村留学センターなどの資料や写真、児童・生徒の作文集などを教室（資料館）に展示している。知井村の歴史・民俗資料のパネルも展示しており、誰もが見学できる。

第五には、校舎の一部を社会福祉法人北桑会に貸与して、高齢者のデイサービスや宿泊介護をす

写真２　読み聞かせサークル“おむすび”の活動

る。さらに、自宅住まい高齢者への弁当宅配や入浴サービスなども計画されている。（学校裏土手の防災工事が、二〇二一年一一月に完了。二二年にグラウンドへの取り合い道や玄関バリアフリー化の改修。二三年に開業予定。）

このように学校跡地を拠点にして多様な住民の活動が展開されているのは、この学校が地域コミュニティの伝統と文化をともにする地域住民にとってかけがえのない存在であったという背景を市当局に認めさせてきた結果である。

参加はもちろん任意であり、興味の有無だけでなく、家の用事や体調などによって参加人数にはばらつきがある。また学校を拠点として活動しているため、参加する意欲のある子どもや住民は知井小学校まで赴かなければならない。しかし学校の近隣に居住している場合はともあれ、学校から約二〇キロも離れた集落に住んでいる人もあり、自力で学校まで出かけるのに困難をきたす人々もいる。住まいの場所の遠近によって学校を拠点とした活動への参加が左右されるという不都合を解消するため、各集落に市営バスを運行させ住民への便宜をはかるという措置をとっている点も注目されてよい。

また、跡地利用によるこうした児童生徒が地域住民とともに行う活動は、次節で言及されるコミュニティ・スクールの確立を支援するものとも言えよう。さらに、伝統的な都市交流イベント（鮎祭り、楽農祭り、雪灯篭など）、知井の文化に根差したサークルや文化の集いなどへの児童生徒の参加活動は、次節で強調される「美山学」の内容の展開ともみなすことができよう。そういう意味でも、これらの活動はきわめて意義深いものである。

しかし、今後を展望すると、楽観できる局面ばかりではない点を指摘しなければならない。

その第一は過疎化と高齢者化の一層の進行である。二〇〇七（平成一九）年には知井地区人口が八四八人であったのが、二〇二一（令和三）年には六〇八人に減少、人口に占める高齢者（六五歳以上）の割合が四七・七％にまでになってきた。消滅寸前の限界集落が増え、各種の活動の今後が現状の水準を維持していくことを展望するのに影をさしていると言わざるをえない。そうした厳しい現実があることを踏まえると、知井地区における地域振興の一翼を担うことが出来る教育活動の創造を図るためには、人口減少と高齢化や集落ごとの違いを十分に考慮した柔軟性と多様性に富む教育プログラムを作成し、実行していくことが求められる。学校跡地の効果的な活用を図るという課題も、そうした新しい教育構想を構築する試みの一環として位置づけられるものである。特に、山間、周辺の集落の事情に配慮するという視点が重要である。

第二として、全国的に蔓延しているコロナ禍の影響である。知井地区の各種の学校行事のみならず、地域全体の行事、観光客が多い花火大会や鮎釣り、盆踊り、雪灯篭などのイベント開催を自粛せざるを得ない事態になっている。

先にも指摘したように、二〇二一年一二月に南丹市美山町が国連世界観光機関（ＵＮＷＴＯ）によって「ベスト・ツーリズム・ビレッジ（ＢＴＶ）」に選出され、北集落の茅葺き屋根、芦生原生林（京大研究林）由良川源流域、中集落の自然文化村などを持つ知井地区は、美山町の「観光による町づくり」の事業において中心的な役割を果たすことが期待されている。コロナ禍の収束時にかつての賑わいを取り戻せるような新しい形の観光イベントを創造し、伝統的な文化・豊かな自然資源を守ることが重要な課題になっている。

先述のように、知井地区における教育活動のセンターとして利用されている学校跡地の教室や体育館では、歴史や伝統を継承しつつ、新しいまちづくりや文化の創造を志向する様々な活動が行われてきており、今後も、そうした伝統と新しい形の観光や文化の調和を目指す教育活動が学校跡地を拠点として展開することが望まれる。

第三は、市当局が厳しい財政状況下で各学校跡地維持費削減を図っている中であるが、これからも学校跡地の管理運営を引き続き知井振興会に委託するよう市当局に要望していくことが課題になっている。知井振興会が学校を地域活性化の拠点として、新住民移住促進や新しい形の都市交流・観光イベントなどを創造し住民の多様な興味や関心とニーズに的確に対応した活動を展開するように期待されている。

注

1　知井振興会は、園部町・八木町・日吉町との平成大合併を目前にして、当時の美山町が地区ごとの自治会、地区公民館を一体化して総合的に地域振興を図るために立ち上げた知井地区の自治組織である。地域住民からの会費収入（月三〇〇円）によって運営されている。

参考文献

- 北桑田近代教育誌刊行会編『北桑田近代教育誌』北桑田近代教育誌刊行会、一九九一年
- 嶋津隆文『学校統廃合と廃校活用―地域活性化のノウハウ事例集―』東京法令出版、二〇一六年
- 知井村史編集委員会編『知井村史』知井村史刊行委員会、一九九八年
- 『知井小学校閉校記念誌・久遠の姿』閉校記念事業実行委員会、二〇一六年

第2節　美山小学校の教育実践と今後の展望

――コミュニティ・スクールと「美山学」への取組を中心にして

山口　満

はじめに

美山小学校は、二〇一六(平成二八)年四月一日に、五つの小学校を統廃合して新しく誕生した学校である。それ以後、二〇二一(令和三)年三月現在に至る約五年間、大規模な統廃合に伴うさまざまな課題に適切に対応するとともに、新生「美山小学校」(**写真3**)に対して地域の人々が寄せる大きな期待に応えることが出来る学校づくりに、学校、保護者、地域が一体となった取組が行われてきた。

二〇二一年三月という時点で、美山小学校(以下、美山小と略称する)における過去五年間の教育実践を振り返ってみると、注目すべき特徴的な点として次のような五つのことを指摘することができる。

第一に、広い校区から、遠距離通学を余儀なくされることになる子どもたちのために、四コースから成る通学用のバス路線が新たに設けられ、スクールバス専用車が走行することになった。このことを含めて、統廃合に伴うさまざまなハンディを克服するための教育条件の整備に行政上の最大限の努力が払われた。

第二に、統合後の美山小の課題への取組を視野に入れた教職員の配置が行われた。開校一年目の二〇一六年度と次年度には、「統合加配」「研究加配」「コミュニティ・スクール加配」という名目で、三名の教員加配が行われた。この豪華な(?)教員配置の措置が新生・美山小の教育活動を軌道に乗せるうえで大きな力を発揮したことは、想像に難くない。願わくは、この教員加配の特別な措置がもう少し後まで延長されておればと思うのは、筆者だけのことではないであろう。

第三に、二〇一六年四月の開校と同時に、美山小は、文科省から「コミュニティ・スクール導入等推進事業」の指定を受け、「コミュニティ・スクール推進委員会」を発足させ、「地域とともにある学校づくり」の活動に取組むことになった。二年後の二〇一八(平成三〇)年四月には、準備段階を終えて、「コミュニティ・スクール」として発足、更に二年後の二〇二〇(令和二)年四月には、新しくコミュニティ・スクールに指定された美山中学校と一本化されて、「美山小・中学校コミュニティ・スクール(学校運営協議会)」となり、二〇二一年三月現在に至っている。

第四に、「美山学」の実践的研究への取組が、二〇一六年四月の新生・美山小学校の始動と同時に始まり、その後の美山小の教育活動の内実を形成するうえで実に大きな役割を果たしてきた。「美山学」の授業や活動では、多彩で、多様な教育活動が「美山」に焦点化されており、「美山のことを知り、好きになり、役に立とうとする子どもの育成」が目指された。

「美山学」の探求は、美山中学校でも早くから着手されており、現在では、小、中一貫の九年間を見通した「美山学カリキュラム」の開発研究が目指されている。

第五に、「美山小学校だより」「美山学だより」「美山学」「美山学リーフレット」「地域をつなぎ、地域とともにある学校をめざします（美山小学校コミュニティ・スクール委員会）」などの広報誌や印刷物を通して、必要な場合には在籍児童の有無にかかわらず全家庭を対象にして、美山小、中に関する情報がタイミングよく提供されている。地域社会に開かれた教育活動、教育課程、学校づくりが実践されている。

最後に、「地域とともにある美山小学校」づくりが力強く進められ、注目すべき成果を収めていることの背景にある美山の教育的風土のことについて触れておきたい。とりわけ既に早く一八九九（明治三二）年八月に始まる「淡成会」（現在の美山町に設置されていた小学校に勤務する教員の自主的な研究会）が明治・大正・昭和・平成の長きにわたって醸成してきた学校・教師と地域住民との強い信頼関係を抜きにしては、美山の教育的風土のことを語ることはできない。更に、戦後、一九四九（昭和二四）年に発足した北桑田郡教育研究協議会（略称「北教研」）が地域に根差す教育実践の向上と教育運動の展開に果たした役割も大きいものがある。「淡成会」や「北教研」等の活動を通して蓄積されてきた教育上の豊かな実績が保護者や地域住民の学校と教師に対する強い信頼感と協力的な関係を生み出すことになった。コミュニティ・スクールと「美山学」に代表される新生・美山小の五年間にわたる教育実践は、この伝統、風土を基盤にして、注目すべき成果を収めているものである。ちなみに、コミュニティ・スクールおよび「美山学」に関する実践と一体になって活躍している「美山地域学校協働本部」が二〇二一年二月に文部科学大臣表彰を受けている。美山における学校と地域、学校教育と社会教育とが一体になった学校づくり、地域づくりは全国的にも高い評価を受けており、注目されている。

さて、以下では、以上に指摘した五つのことの内、第三に取り上げたコミュニティ・スクールの導入と展開過程、および第四に取り上げた「美山学」に関する実践的研究の展開過程について、やや詳しい紹介を試みる。これらのテーマは五年間にわたる美山小の実践を組み立てている二本の柱になっており、美山小の実践を振り返り、今後の見通しを得るうえでとりわけ重要な意味をもつと考えられるからである。そのうえで、美山小、中における創造的な教育活動を創出し続けるための今後の課題の所在を指摘し、将来的な展望について私見を開陳することとしたい。

なお、美山小の教育活動や実践にとって重要な意味をもつと思われる開校から現在に至る児童数の推移、および今後予想される児童数の推移を示した表を「参考資料」として文末に掲載する。参照して頂ければ幸いである。

写真３　美山小学校の全景

1．コミュニティ・スクールの導入と展開

⑴導入の経緯とねらい

先に指摘したように、美山小学校は、二〇一六年四月に、五つの旧村のそれぞれに一校ずつ設置されていた五つの小学校が統合されて誕生した新しい学校である。発足当初の児童数は一二五名、学級数は特別支援教育学級を含めて七学級であった。発足と同時に、美山小は、次のような三つの実践研究の指定を受けている。即ち、①京都府南丹教育局指定「京都丹波の学力向上研究指定校」、②文科省指定「平成二八・二九・三〇年度少子化・人口減少に対応した活力ある学校推進事業研究指定校」、③南丹市教育委員会「美山小学校コミュニティ・スクール推進委員会の設置」である。

この内、「コミュニティ・スクール」は、その名称が示しているように、「コミュニティ（地域社会）」と「スクール（学校）」が相互に協力し、連携を図り、一体となって、地域の子どもたちの豊かな学びと育ちの実現を図るという理念に基づいて、二〇〇四（平成一六）年に、国によって制度化されたものであり、「学校運営協議会によって運営される学校」と定義されている。

学校運営協議会は学校と地域社会との間に橋を架け、両者をつなぐ役割を果たす組織であり、この組織を通して、地域の人々の声が学校の教育に反映されるとともに、学校のもっている力が地域社会の活性化のために役立てられるというように、双方が恩恵を受けるWin-Winの関係にあるとされる。「新しいタイプの学校」

と呼ばれることが多い。

コミュニティ・スクールの全国的な普及状況についてみると、二〇二〇年度では、八六八一校の公立小、中学校がコミュニティ・スクールに指定されており、これは全体の三〇・七％に当たる。京都府では、三三七校、五一・二％となっている。二〇一五(平成二七)年一二月に中教審が発表した「新しい時代の教育や地方創生に向けた学校と地域の連携・協働の在り方と今後の推進方策について(答申)」(平成二七年一二月)によれば、「全ての公立学校において、地域住民や保護者等が学校運営に参画する仕組として、コミュニティ・スクールを目指すべきであること」が提言されており、公立学校のコミュニティ・スクール化を図ることが教育改革の大きな流れになっているとみることが出来る。

さて、美山小学校において学校運営協議会が発足したのは、先に指摘したように、二〇一八(平成三〇)年四月一日のことであった。協議会は、二〇一八年度の場合を例に取ると、合計一六名の委員から構成されている。その内訳は、「コミュニティ・スクール推進委員」五名、有識者一名、ＰＴＡ会長一名、美山まちづくり委員長一名、美山小地域連携コーディネーター一名、美山中評議員二名、美山中校長一名、美山小学校教職員四名となっている。五名の推進委員は旧村各一名ずつとなっており、旧村意識が強い美山の事情を考慮した布陣になっているという印象である。地域連携コーディネーターは、学校と地域が相互に連携・協働するうえで重要な役割を果たしており、美山小の場合、このポストに目覚ましい活躍を行っている有能な人材を得ることが出来たことがコミュニティ・スクールの効果的な展開を可能にした一つの要因になっている。

ところで、南丹市では、二〇一五年度と二〇一六年度の二年間に、市内の一七小学校を七校に統廃合するという大規模な「学校区再編」が実施された。その際、南丹市教育委員会は、上記の「小学校区再編」に先立って、二〇一四（平成二六）年七月に公表された「南丹市教育振興プラン─南丹市教育振興基本計画─」において、「地域が学校を支える仕組みづくり」を進めるために、「再編後の市内すべての小学校に『学校運営協議会』を設置することとしています」という方針を打ち出している。

再編・統合後の全ての小学校にコミュニティ・スクールの制度を導入することのねらいについて、当時の森栄一教育長は、教育誌「内外教育」の二〇一六年一一月一五日号で次のように述べている。「最も大きな課題は、再編して新しくスタートした各小学校を、広くなった校区住民の方々に支えていただく仕組みをつくること。このため、文科省のコミュニティ・スクール導入等促進事業に手を挙げた。三分の一の補助が受けられ、地域住民が学校運営に参加する仕組みだ」と。同様の趣旨は、「コミュニティ・スクール導入推進の足跡」と題する報告書（南丹市教育員会、二〇一七年三月）で以下のように記述されている。「新設された学校では、新たな校区・地域との信頼関係を築いていくことになる。また、子どもを取り巻く社会状況の変化や高齢化、過疎化が進む現状を踏まえ、学校と地域、保護者が深い信頼関係を築き、学校を核とした地域社会総がかりの教育を推進するために、コミュニティ・スクール制度を導入することとした」と。

こうした発言や報告に明らかにされているように、南丹市の場合、小学校区の再編・統合によって地理的に著しく広がることになる校区における学校と地域との信頼関係を新しく構築することを意図して、コミュニティ・スクールへの取組が展開されることになった。大規模な学校再編・統合が学校を支えてきた地域社会的な基盤を崩すことになるかもしれないという強い危機感が市の教育行政担当者の側にあったのではないかと思われる。

美山小における実践的研究がこうした南丹市の教育施策の一環として位置づけられるものであることは言うまでもない。美山小でのコミュニティ・スクールへの取組に対しては、「次代を担う子どもの育成に向けて」と題する冊子(南丹市教育委員会、二〇一八年一〇月)の中で、「今後の展望」として「美山小の実践をモデルに」することが挙げられており、他校の手本になる先駆的な事例になることへの大きな期待が寄せられていたとみることが出来る。この期待にどのようにして応えようとしたのか、次に、コミュニティ・スクールの取組で重要な役割を果たしている活動である「熟議」を取り上げ、その概要を紹介する。

(2) 熟　議

「熟議」とは、文字通り、多数の当事者による「熟慮」と「討議」を重ねながら、アイデアを出し合い、そのアイデアを実現するための方策を形成していくことである。熟議は、参加者の一人一人がよく考え、意見を交換し、相互の理解を深め、課題や目標の共有が図られるというプロセスを踏んで行われる。このプロセスは当事者意識の醸成を促し、相互の一体感を生み出す効果をもつとされる。こうした効果に注目して、熟議は、早くから、コミュニティ・スクールづくりの実践に最適な話し合いの方式(コミュニティ・ミーティング)として、多くの学校に取り入れられてきた。

美山小の場合、熟議は二〇一七年三月に第一回が開催されて以後、二〇一九年一二月の第七回まで、合計七回開催されている。それ以後、二〇二一年三月現在に至るまで一回も開催されていない。コロナウイルスの感染拡大が開催を難しくしたことは確かであるが、学校運営協議会では、活動が三年目を終える時期を迎え、熟議によって新規なアイデアや活動を打ち出すことを急ぐよりも、コミュニティ・スクールづくりで取組んできている①旧小学校校舎を使ったサテライト教室、②自分が住んでいる地区以外の家庭に一泊二日でお世話になるホームステイ、③島根県海士町の海士小学校とのWEBを介した交流学習、④芦生演習林での体験活動、⑤美山の特産物やかやぶきの里等を描いた一九種類のシールを道の駅や土産物店で売る商品に貼り付けて販売してもらう美山ブランドシール活動、⑥防災無線を利用した子どもたちのアナウンス（地域参画）、⑦ボランティアによる読み聞かせ等、美山町をフィールドにした既成の体験活動や授業を点検し、その深化、充実を図るとともに、活動全体の整理、見直しを図ることに力を注ぐことになったのではないかと筆者は理解している。四年目の時期を迎えるに当たり、いわば全体的な立て直しが図られているとみることが出来る。そのことは、以下に掲げた第七回熟議のテーマの設定の仕方にも表れているように思われる。

【熟議のテーマ】

一回　二〇一七年三月八日　美山の子どもにどう育ってほしいか
二回　二〇一七年五月一七日　子どもの良さをとらえて、地域と学校で一緒に取組めることを考えよう
三回　二〇一七年九月五日　さらに伸ばしたい力＝チャレンジ精神・人とかかわる力・美山の自然に目を向ける力について具体的な方策を考えよう
四回　二〇一八年三月一四日　子どもに学ばせたい美山のことを考えよう（具体的プログラム）
五回　二〇一八年一〇月三一日　美山の子どもたちにどんな社会人になってほしいか

六回　二〇一九年三月七日　地域の子どもたちの教育にどう生かすか～美山の魅力を語り合おう
七回　二〇一九年一二月一〇日　過去六回の熟議で話し合われたことをもとにして、①農業、②自然・環境、③食、④外国語・国際、⑤体力という五つのテーマごとに分かれて、どんな体制で取組むことが出来るのか、より具体的に考える

上掲のように、熟議は二〇一七年度に二回、二〇一八年度に三回、二年間に合わせて五回、集中的な取組が行われていることを確かめることが出来る。一回の参加者は約四〇人余り、時間は約九〇分であった。コミュニティ・スクールづくりへの取組が本格的にスタートし、その活動が大きく盛り上がった時期であった。この二年間に、二回の大規模な公開研究発表会が開催されている。

熟議のテーマは、全体的な流れからみても、毎回のそれをみても、①美山の子どもにどのように育ってほしいのか、どのような力を身につけてほしいのかという問題と、②美山の良さを子どもの教育にどう生かすのか、美山の教育資源とは何かという問題との二つから構成されている。①は教育目標論、②は教育方法論であり、この二つのテーマが交錯し合い、熟慮と討議の対象として繰り返し取り上げられている。今後もコミュニテイ・スクールの取組において、追及され続けなければならない基本的な課題である。

なお、以下に述べることはこれからの課題ということになるが、コミュニティ・スクールの基本的な課題に、①「地域とともにある学校への転換」を図ることと並んで、②「学校を核とした地域づくりの推進」ということが置かれていることからすると（中央教育審議会「新しい時代の教育や地方創生の実現に向けた学校と地域の連携・協働の在り方と今後の推進方策について（答申）」平成二七年一二月）、今後は、美山小、中学校は地域の再生・創生にど

のように貢献することが出来るのかという観点から熟議のテーマや内容を吟味する機会があってもよいと思われる。今後の課題として指摘しておきたい。

熟議で話題になったことが学校での「美山学」の授業に取り入れられることも多い。例えば、学校統合に伴って長時間でのバス通学が常態化したことが子どもたちの体力や運動能力にマイナスの影響を与えているのではないかという問題提起が行われた。それを契機にして、学校での体育や運動の指導の在り方を見直すとともに、地域の人々が協力して八ヶ峰登山を計画、実施し、多くの子どもが参加した。更に、家庭や地域での外遊び・体を動かす手伝い・親子で行うスポーツ・朝マラソン・大縄跳び・スポーツ少年団や少年野球の活動等を検討し、その実現を図る等の課題が提起されている。学校、家庭、地域が一体となった活動が創出されるところにコミュニティ・スクールでの取組ならではの特徴がみられる。

⑶成果と課題

美山小の熟議では、ほとんど毎回、閉会時に参加者全員に対して、自由記述を含む簡単なアンケート調査を実施している。その回数は三年間で七回に及んでおり、得られたデータから、熟議参加者の子育てに関する意識や参加への満足度等の実態や変化についておおよその傾向を知ることが出来る。

以下では、その主な点として、保護者と地域の人々の回答に基づいて、三つのことを指摘しておきたい。

第一は、子どもの教育についてはこれまで学校任せにしがちであったが、保護者や住民が当事者意識を持ち、主体的に関わることの必要性と可能性を自覚し、共有するようになったことである。この傾向の持続と広がりを期待したい。

第二は、多くの人々との人間関係が広がり、相互の理解と信頼が深まり、美山としての一体感が醸成されたことである。このことが統合後の新生・美山小の教育を支える基盤となった。

第三は、人口減少、高齢化、少子化等、厳しい状況に置かれている美山の社会にとって、子どもの教育が担う役割の重要性が改めて共有されたことである。みんなの力で「教育の町・美山」をつくろうという機運が盛り上がっている。教育が町を支え、振興の力になるというロマンが語られている。

熟議の活動から得られたこれらの結果は、コミュニティ・スクールの活動全体から得られた貴重な成果であり、今後、美山におけるコミュニティ・スクールの活動にはこれらの成果をより確かなものに、より豊かなものにする方向で展開されることが期待されている。そのために差し当たり優先的に取組まれるべき具体的な課題として、以下では、三つのことを指摘しておきたい。

第一は、コミュニティ・スクールの活動に若い人たちの参加を促すことである。学校運営協議会の委員や地域学校協働本部の委員、更に熟議やそこでのアイデアを活かして展開される諸活動等に若い世代をどう取り込むのか、組織や活動をどのようにして若者に魅力あるものにするのか等、早急に検討すべき課題は多い。委員の選考方法や任期の在り方、若い人が発言し、活躍しやすい場、雰囲気づくり等、みんなで考えてみたい問題である。また、筆者は、コミュニティ・スクールの活動を通して、高齢者と若年・中年層との間にある意識や態度のギャップを埋めることが出来るのではないかと期待している。

第二は、コミュニティ・スクールの三機能である熟議、協働、マネジメントの関係の在り方を整理することである。熟議で発想された新しい、子どもたちのためになるアイデアを誰が協働して実行するのか、またアイデアは実際に実現されたのかどうか等、分かりにくいところがある。ここでは協働、行動の主体は誰なのかということが問われることになる。

学校運営協議会や熟議で発想された諸活動と学校の教育課程内教育活動として実施される学習活動との関係も分かりにくいところがある。「美山学」の学習活動の範囲をどう定めるのか等、コミュニティ・スクールの活動の一環として行われる教育活動と学校の教育課程内の授業として行われる学習活動との関係を整理する必要があるように感じている。

第三は、コミュニティ・スクールの理念や活動を美山の地域社会全体にどのように広め、浸透させていくのかという課題である。美山の子どもは美山全体、総がかりで育てるという理念を実現するためには、子どもの姿や声に接する機会が少ない集落や家庭にどのように働きかけていくのかという難しい問題があるように思われる。そうした集落や家庭に、コミュニティ・スクールに取組む関係者の思いや願いを届けることが出来る方法を工夫することが必要である。

2．「美山学」の構想と展開

(1)「美山学」の構想

「美山学」は二〇一六年四月の開校以来、二〇二一年三月現在に至るまでの五年間、美山小で実践されてきた特色ある教育活動・学習活動である。その特色は、主として、以下の四点に求められる。①美山の人、物、自然、文化を対象とした学習である。②子どもの主体的で探求的な学びを軸にして展開される学習者中心の探求学習である。③教育課程の上では、「総合的な学習の時間」に位置づけられることが多いが、実際の授業では、教科・領域（ここでいう「領域」には、「総合的な学習の時間」が含まれる）の枠を超えたクロス・カリキュラムとして展開される総合学習である。④地域の人々との協働によって展開される学習であり、この点に従来の地域学習との違いがある。

次に、「美山学」の定義に注目すると、最初に定義が試みられたのは、二〇一七年度の「研究紀要」においてのことであった。即ち、「平成二九年度　研究紀要　自ら考え、伝え合い、学ぶ喜びを実感する児童の育成～美山学を通して～」では、「美山学」の対象、教材、ねらい、従来の「地域学習」との違いについて、以下のように記述されている。学校と地域の双方が互いにその恩恵を受けられる「Win-Win の関係」を構築していくことが「美山学」が目指す姿であると記述されていることが、コミュティ・スクールの理念を表したものとして注目される。以下、少し長くなるが、そのまま引用する。

『美山学』はそれ自体が、特定の教科や領域から成るものではない。本校の教育計画全体のうち、地域の教育資源である『人、物、自然、文化』を教材として取り入れたり、地域に働きかけたりすることで、児童が、次のようなねらいを達成することを目指すものである。

それは、学ぶ喜びや充実感を味わう中で学習意欲や追及意欲を高め、他人と協調していくことや他人を思いやる心、美しいものに感動する心を養うなど、豊かな人間性や社会性を培うことを目指すものである。さらに、ふるさとを愛し、地域の一員として地域に貢献したり、地域を大切にしたりする実践的な態度を培いたい。ここで、単なる『地域学習』と『美山学』との違いはどこにあるかを明確にしておく必要がある。そのキーワードとして、地域との協働が挙げられる。……こうした取組が、さらに児童の学力向上や教職員の資質向上につながり、地域の活力も向上していくことにもつながると考える。学校と地域双方が互いにその恩恵を受けられるWin-Winの関係を構築していくことが「美山学」が目指す姿である。」

上掲の定義は、その後、簡潔な表現にする等、若干の修正が加えられている場合もみられるが、基本的には、二〇二一年三月現在まで、踏襲されている。

ところで、一つの言葉にもそれ自身の歴史がある。「美山学」という言葉は、既に早く、美山中学校が、美山小に先行して、文科省の指定を受けて、二〇一〇～二〇一一年の二年間にわたり、「コミュニティ・スクール（学校運営協議会制度）推進のための調査研究」に取組む過程で、美山の教育資源を活用した教育活動・学習活動を総称する用語として使われ始めたものである。具体的なテーマとして、「間伐材を利用したバイオマス燃料の研究」、「美山が生んだ京焼の祖、野々村仁清研究」、「美山の社寺、文化財の研究」、「美山の集落の地理学的研究」等が話題になっていたことを記憶している。そこでは、美山中で教材として取り上げるべき地域の教育資源を精選し、絞り込むとともに、中学校にふさわしい学術性の高い知的な学習を重視することが構想されていた。学術研究の成果をベースに置いた学習指導が想定されていた。「学」という文字にはそうした意図が込められていたと理解している。「美山学」を一時の流行に終わらせるのではなく、持続可能な価値ある教育活動として根づかせるためには、学校のカリキュラム編成のための基礎資料(カリキュラム・リソース)となる学問的な基礎をしっかりさせておくことが大切であると考えられていた。この考え方は今も変わらないと理解している。なお、筆者は、当時、コミュニティ・スクール推進のための委員会の委員に就任し、「美山学」づくりにも参加していた。

一方、民間の郷土史家がつくる「丹波史談会」でも、美山の人たち約二〇名が参加して二〇一二年四月に「美山学プロジェクト」を立ち上げている(丹波史談会『丹波』第一五号、二〇一三年)。「美山学」という言葉が偶然の一致をみた訳であるが、この言葉が教育活動と研究活動を使命とする二つの組織で時を同じくして生まれた背景を念頭に置くと、「美山学」の構想には、故郷《ふるさと》・美山の将来に対する強い危機意識とその危機を何とか自分たちの手によって克服したいという愛郷心が込められていたと思われる。コミュニティ・スクールでの熟議やそれを踏まえた活発な連携、協働的な活動にみられるように、「美山学」が広く美山の人々の共感と賛同を呼び、支持され、大きな期待を集めていることの背景には、地域社会の将来に対して寄せられている地域住民の危機意識と愛郷心とがあるように思われる。「美山学」には地域の人々の熱い思いと強い期待が込められており、「美山学」が美山の学校と地域社会に対してもっている意味は重いものがある。それは、

ふるさと「美山」の学びを通した児童の確かな
学力形成と地域の活性化に関する研究

美山学

平成３０年度少子化・人口減少社会に対応した活力ある学校教育推進事業報告書

南丹市立美山小学校

写真４　美山学を学ぶ教育の研究報告書の表紙

コミュニティ・スクールへの取組と一体となって、地域から生まれ、地域が育ててきた特色ある教育活動・学習活動であり、これからも大切にして育てていきたいものである（写真4）。

また、「美山学」の構想が、二〇一六年四月の統合後の新生・美山小の実践に継承され、小学校教育が進むべき方向について、地域の人々の共通の意識を形成し、アイデンティティの形成に貢献することになったことの意義は大きいものがある。「美山学」は美山小の教育活動を代表する、子どもとその教育に対する希望のシンボル的な意味を持つ特色ある学習活動として、美山町内外に、広くその名を知られることになった。

(2)「美山学」のカリキュラム

美山小では、「学校教育目標」として、「ふるさとを愛し　夢や希望に向かって　自らを高める　美山っ子の育成」ということを掲げている。冒頭に「ふるさとを愛し」という文言を掲げているところに、同校が、ふるさと意識の形成ということを強く意識した教育に取組んでいることを窺うことが出来る。

この教育課題を遂行する上で、「美山学」は学校の教育活動全体のコア・核心になっていると言うことが出来るほど、重要な役割を果たしている。前掲の「美山学」の定義にみられるように、「美山学」には、「ふるさとを愛し、地域の一員として地域に貢献したり、地域を大切にしたりする実践的な態度を培」うことが期待されている。

以下では、「美山学」に寄せられている期待を実現するためのカリキュラムと授業について紹介する。いずれについても、二〇一六年四月の開校以来、研究発表会等を通して何度も修正され、例えば小中一貫性の実現のように、現在もなお今後の研究課題として探求され、更新が図られているものであることを断っておきたい。

〈目標分析と学年別配列（シーケンス）について〉　学校カリキュラムの編成を行う上で、まず、最初に取組まなければならない作業は、カリキュラムの実施を通して達成されるべき目標と要素的な目標を明らかにして、その学年別配列を明示することである。美山小の場合、「平成二九年度　美山学」によれば、以下のような学年別目標が明らかにされている。

美山学九年間の構想図 ＝ 地域の良さを発見する学習 ＋ 自分の良さや可能性を発見する学習

小学校一年：学校探検や地域の行事を通して、美山の里の人々の存在に気付く。地域の方とのふれあい活動により達成感や成就感を味わい、自分への自信につなげます。

小学校二年：地域探検や地域の行事を通して、四季の移り変わりを感じながら自然とかかわる。野菜栽培等により達成感や成就感を味わい、自分への自信につなげます。

小学校三年：美山のお宝探訪を行い、いろんな人と接し「美山」の魅力に触れる。地域の方との交流会等の計画・運営により自分のよさや役割に気付いていきます。

小学校四年：福祉・環境、高齢化社会に即してお年寄りや保育園児とのふれあい、ゴミ問題、水路など先人の努力から現代社会を考える。地域の美化活動やふれあい活動等により自分のよさや役割に気付いていきます。

小学校五年：農業・産業、美山の特色ある農業について体験、聞き調べを行い、これからのよりよい農業や産業に生かす。米作り・農業体験により勤労の尊さを実感し集団の中での役立つ自分の存在に気付きます。

小学校六年：「美山の歴史」を調べ、地域の伝統文化、伝統産業、先人の業績を知り、これからの美山を考える。夢探しや美山ブランド広報活動によりこれからの自分に目を向け、可能性を信じ、歩みます。

中学校：伝承・継承・創造（小学校の学びをつなぎ・広め・深める）美山の良さを再認識し、その上で課題に向き合い、地域の行事やイベントへの参加・参画や考案した企画を提案・実践する活動を通して、より深く地域に関わり、地域の活性化に貢献する。

中一：集団活動やボランティア活動により仲間との協力や集団の一員としての自分を見つめ生き方につなげます。

中二：職場体験等により、働くことや生きることの意味を考え、これからの自分の生き方を考えます。

中三：様々な体験や進路講話・進路選択等により自己実現に向けて歩みだします。

上掲の教育目標の学年別配列にみられるように、「美山学」では、自分・家族⇓まわりの人々・集落⇓地域・地区(旧村)⇓美山⇓日本社会というように、同心円拡大のシーケンスによって、学習活動の発達段階的な順次性を明らかにすることが試みられている。この作業が早い段階できちんと行われたことが、その後の、「美山学」の展開をスムーズにしている。但し、「南丹市」「京都府」「日本」「世界」をどう位置づけるのかという課題は残されている。また、時間認識の能力の発達に対応した美山の歴史をどう取り入れるのかということも研究課題として残されている。更に、小、中九年間にわたる系統的なカリキュラム編成をどう進めるのかという大きな課題が残されている。

〈美山の教育的素材の範囲（スコープ）について〉　次に、「美山学」では、数多い美山の教育的資源の中から何を選んで教材化するのか、教育的素材の範囲や選択基準をどう設定するのかという問題に注目すると、①前掲の「美山学」の定義にみられたように、美山の人・物・自然・文化の中から教育的な価値をもつものを、②児童生徒が興味をもち、探求意識をもって自主的な学習を進めることが出来るという観点から、また、③地域の人々の協力・協働が得やすいという観点から、さらに、④指導の効果を期待することが出来るという観点から、精選して取り上げ、学年別の配列を考慮した上で、「単元」として設定し、児童生徒に提供するという方法でカリキュラム編成が行われている。あらかじめ協力して頂ける人材バンクが用意されており、③の観点が重視されている点に、コミュニティ・スクールづくりの一環として展開されている美山の教育実践らしい特色がみられる。

ごく一般的に言えば、カリキュラムのスコープとしては、社会的な機能あるいは社会的な課題が取り上げられることが多い。「美山学」の場合、子どもたちに意識させ、考えさせ、取組ませるべき地域社会・美山の社会的な機能や課題として何を優先的に取り上げることが必要なのか、改めて検討すべき課題になっているように思われる。美山固有の問題や課題を優先させるというよりも、教科・領域の年間指導計画に合わせる形で、美山に関連した単元やテーマを取り上げるという方針が出ているカリキュラム編成になっているという印象が強い。そこには、「美山学」が教科・領域の枠の中で位置づけられるという現行カリキュラム制度の制約があると思われる。今後の課題として指摘しておきたい。

(3)「美山学」の授業

「美山学」の授業は、子どもたちにとって、実に楽しい、魅力的な学習の時間である(**写真5**)。公開授業や「美山学」の研究会での授業を参観するたびに、そうした感想をもつことが多い。

以下に、二〇一八年一〇月一二日(金)に全国を対象にして公開された「平成三〇年度　研究発表会」における下野佳代教諭による授業「道徳科(美山学)学習指導案」の一部を紹介する。学年は第五学年、一八名である。主題名は「自然を守る」であり、年間を通して合計四七時間を使って展開されるが、本時は、その後半三三時間目に当たっており、「かえってきたホタル」(美山学)という単元の下に授業が行われた。

「本時のねらい」は、「ホタルが見られる原川にするために活動された地域の方の思いを知ることを通して、自分たちが住んでいる地域のよさについて考え、自分たちにできることをしていこうとする実践的な態度を育てる」ことに置かれている。

この授業には、①子どもたちにとって親しみのある小川、ホタルを取り上げていること、②ホタルの舞う川は美山の大切な宝(良さ)であることに気づかせようとしていること、③美しい川は、川のまわりの掃除、粉石鹸の利用、ホタルの幼虫の餌になるカワニナの放流等、地域の人たちの工夫、努力によって守られていることを理解させようとしていること、④こういう地域の人々がいること自体が美山の良いところであるこ

写真５　「美山学」の授業風景

とに気付かせようとしていること、⑤自分ならどうしただろう、地域のために自分に何ができるのかと、地域の問題を自分との関りで考えさせていること、⑥旧宮島小の自作資料を活用していること、⑦ゲストティーチャーの協力を得ていること等、「美山学」の授業らしい特徴が表れているという印象で参観したことを記憶している。何よりも、学習に集中して、活発に活動する子どもたちの姿が印象的であった。また、授業担当者の事前の準備が行き届いており、前もって考え抜かれた、すっきりとした流れの展開であったという印象を受けた。「美山学」の授業には、事前の準備に多くの労力と時間を要することを改めて知ることが出来た。

⑷「美山学」の成果と課題

美山小では、学校評価のデータを得るために、一年間に二回、年度によっては三回、児童と保護者を対象にしたアンケートを実施している。「学校評価アンケート」では、「美山学」に関連した質問項目が設定されていることが多い。その質問に対する児童と保護者の回答の結果によると、「美山学」の授業を通して行われる指導と学習が、児童の地域に対する興味や関心、理解、態度、愛情等を深める上で大きな成果を挙げていることが明らかにされている。

例えば、「あなたは、美山町には自慢できることがあると思いますか」という質問に対して、全校児童の八〇％が「あてはまる」と回答し、一三％が「どちらかというとあてはまる」と回答している。また、「あなたは、地域の出来事に関心がありますか」という質問に対して、「あてはまる」が五九％、「どちらかというとあてはまる」が三二％という結果が得られている。更に、「あなたは、地域の行事に参加していますか」という質問に対しては、「あてはまる」が七〇％、「どちらかというとあてはまる」が二四％となっている（美山小「平成三〇年度後期　児童アンケート結果（一月末実施）」）。

一方、保護者に対して「子ども達は、美山の自然や文化、歴史に親しみを感じ、興味をもっている」という質問をしたところ、「とてもそう思う」が二九・四％、「そう思う」が五六・五％、「あまり思わない」が一一・八％、「思わない」が二・四％という結果が得られている（美山小「平成三〇年度前期、学校評価アンケート結果」）。このアンケートは二〇一八年に実施されたものであるが、その二年前の二〇一六年一〇月に実施された調査で、「子ども達は、美山の自然や文化、歴史に親しみを感じ、興味をもっている」という質問に対する回答を求めた結果では、「とてもそう思う」が一九・七％、「そう思う」が五一・三％、「あまり思わない」が二一・一％、「思わない」が七・九％という結果が得られている（美山小「平成二八年度学校評価（保護者）アンケート結果と学校の取組」）。二〇一六年では、肯定的な回答をする者が七一・〇％であったのに対して、二〇一八年では八五・九％に増えている。逆に、否定的な回答をする者が、二九・〇％から一四・二％へと減少している。「美山学」導入の成果が数字になって明瞭に表れているとみることが出来る。このように、新生・美山小への「美山学」導入の成果は、まず第一に、子どもたちのふるさと・美山に対する意識や態度の変容という点に求めることが出来る。

第二に、学校と地域との関係の広がりと深まりということを挙げておきたい。先に紹介した「美山学」の定義にみられたように、従前の「地域学習」と「美山学」との違いは、「美山学」が学校と地域との協働によって計画され、実施されることを基本としていることにある。「美山学」は学校と地域のつながり、様々な人と人とのつながりによって創出される教育活動・学習活動である。「美山学」を媒介にして、学校と地域との関係が大きく変わることになった。

実際、美山小にはゲストティーチャーをはじめ、地域の多くの人たちが訪れ、教職員と話し合い、協働的な活動を行っている。一方、子ども達は、「美山学」の授業を通して、学校の外に出かけて、地域のいろいろな方と交流し、貴重な体験をすることになる。

新生・美山小は地域の人々によって支えられ、協力を得ることによって、美山の子ども達に豊かな教育環境を提供することが出来るが、「美山学」はその営みの主軸となる教育活動として重要な役割を果たしている。

第三に、「美山学」の学習活動を通して、子どもたちに自己肯定感や学びへの主体的な態度が育つとともに、思考力や表現力、実践力等の汎用的で基礎的な学力が身に付いてきていることを挙げておきたい。「美山学」は、それが適切に指導されるならば、学習者に学ぶことの喜びや達成感を実感させることが出来る要件を備えた教育活動・学習活動である。学ぶことの意味を主体化させることにその真髄があると筆者は考えている。「美山学」の授業における子どもたちの生き生きとした学びの姿に接する度に、上述したような人間形成と学力形成の土台となり、基礎となる力が育ってきているという手ごたえを感じている。

しかし、「美山学」の実践的な取組はまだ緒に就いたばかりである。理論の面でも実践の面でも、解決されるべき課題は山積している。以下では、差し当たり解決されなければならない当面の課題として、三つのことを指摘しておきたい。

第一は、「美山学」として展開される教育活動・学習活動を学校の教育課程にどのように位置づけるかという問題である。活動の多くは「総合的な学習の時間」の授業として位置づけられているが、「国語科」「社会科」「理科」「図画工作科」等の授業時間数にカウントされている活動も少なくない。中には、ホームスティ、ブランドシール、WEB交流活動（遠隔合同学習）、旧小学校の校舎を利用したサテライト教室、芦生の森グリーンワールド、美山クラス（竈でご飯＋登山、農作業、演劇鑑賞）等、学校教育法施行規則等で定められている教育課程の枠組のどこへ位置づけてよいか、分かりにくい学習活動もある。必要に応じて、「教育課程外教育活動」あるいは「学校外教育活動」「社会教育活動」として位置づけるための工夫をすることがあってもよいと思われる。

多種多様な教育活動・学習活動の整理を図り、それぞれの活動を学校教育活動全体の中で整合性のある形で位置づけて、相互に関連付けるという作業が必要である。学校教育のグランドデザインを描くという観点から、「美山学」を見直すことが今後の課題となっている。

第二は、教科・領域と「美山学」との関連の在り方をどのように図るかという問題である。「美山学」の授業は、子ども達に、美山の人、物、自然、文化に関する学習を通して、美山の良いところに気付かせ、美山を愛する心情を育て、美山に貢献する態度を育てることを基本的な課題としている。端的に、美山そのものに焦点化された授業である。教科内容を分かりやすく教授するための手段(動機付けや具体的な事例)として美山が取り上げられるとしても、美山そのものを認識させ、考えさせるという基本を軽視するならば、それは「美山学」の本質を見失うことになる。この意味でも、美山そののを教えるための知の体系としての「美山学」を構築することが求められている。差し当たり、副読本「美山学」を編集する作業に着手することを提案している。

第三は、義務教育の九年間を見通した小、中一貫性のある「美山学」をどう構築するかという問題である。最近まで「北桑田郡」として美山町とともに歩んできた京都市右京区京北において、二〇二〇年四月に新しくスタートした「京都京北小中学校」では、九年を四・三・二で区切る「ステージ制」を採用している。児童期から青年期にかけての発達の特徴、課題を意識したシステムであると考えられるが、「美山学」における小、中一貫性の在り方を考えるためのヒントを提供しているのではないかとその動向に注目している。

3. 今後の展望

前項までに紹介してきたように、南丹市立美山小学校は、二〇二〇年三・四・五月には、コロナウイルス感染の広がりによって長期間にわたる臨時休校を余儀なくされるという試練を受けながらも、二〇一六年四月の開校以来現在に至るまでの約五年間、コミュニティ・スクールの推進とその一環としての「美山学」の創設という課題に取組み、注目すべき成果を収めてきた。この実践的な取組は、美山小教職員と保護者や地域の人々、美山中教職員や南丹市教育委員会、府教委や文科省等、多くの人々や機関との協力、協働があってはじめてその成果を収めることが出来たものである。美山町における多方面にわたる、力強い地域振興のための取組と歩調を合わせることが出来たことも、この実践的研究のスムーズな展開に幸いしている。

今後は、当然のこととして、美山小が置かれている地域社会の変動に柔軟に対応しつつ、従前の成果を持続、拡充し、更に、現在当面している課題、あるいは今後に直面するのであろう新しい課題を適切に解決していくという方向での展開をみることが期待される。以下では、今後美山小における実践が上記のような方向で展開するための考え方を五つのポイントに絞って指摘しておきたい。

第一に、美山における小学校は、一八七二(明治五)年の「学制」によって設置されて以来、約一五〇年間、地域を支える社会的な基盤、土台として重要な地位を得て、その役割を果たしてきた。中山間の農山村に生まれ、生きる子どもたちの一人一人に、豊かな人間的成長と確かな学力を保障することによって、地域の人々から絶対的な支持と信頼を得てきた。この揺るぎない伝統を新生・美山小において継承し、発展させることをもって美山小の今後の基本的な使命としたい。

第二に、コミュニティ・スクール推進への取組は、学校と地域とが一つになって協力、協働することの大切さを改めて浮き彫りにすることになった。とりわけ、コミュニティ・スクールというネット・ワークと熟議、協働の活動を通して醸成される地域住民同士の信頼関係は、「人間関係資本」の名前で呼ばれることがあるほど、地域社会の維持と創生のための活動にとって貴重な財産になる。都市的な生活様式と意識とがこの山間部の町にも浸透し、自分中心の生活や意識(「私事化」)の傾向が強まる中で、学校・子どもを仲介として地域住民同士の親しい人間関係と信頼関係が築かれることの意義は大きい。コミュニティ・スクールの推進に地域を挙げて取組むことの意義は、この点に求められる。

第三に、美山町は現在なお、日本の農山村に伝統的なムラ(集落、地域)の共同体組織および共同体意識を温存させている地域である。血縁でつながる集団を指す「株」「株内」、労働力の相互交換、相互扶助の共同作業を指す「ゆい・てんごり」、「てまがえ」、集落総出の労働である「日役」、集落での「寄り合い(集会)」、集落の細分化組織である「組」等の仕組や活動が未だに残されている地域も多い。相互の助け合い、協働を基本として、親密な人間関係によって成り立っている地域社会である。

共同体はまた「どの子もムラの子」という協働の子育ての場でもある。そこでは、ムラの人々に見守られながら、ぬくもりのある環境で伸び伸びと、自分らしい成長の姿を見せている子どもたちを見ることが出来る。美山では、このような子育ての伝統が今なお、息づいている。このことは、何ものにも代えがたい美山の魅力である。美山小で実施された「ホームステイ」の活動は、その背景として、こうした地域社会での子育ての伝統を抜きにしては考えられないことである。

その一方で、前述したように、都市化の波は、美山にも徐々に、しかし確実に及んでいる。「私事化（プライバタイゼーション）」と呼ばれる自分の狭い世界に閉じこもった自分中心の、しかし自由と権利の意識を前面に押し出した生き方が、古い、封建性を残存させる地域共同体の生活から地域住民を開放するものとして目に映るという一面があることは否定できない。

美山小の教育を含めて、美山における子育ての営みは、こうした価値観の葛藤の中に置かれている。先に指摘したように、コミュニティ・スクールの活動を通して醸成される地域住民同士の親近感のある人間関係と信頼感を広げ、深めることによって、一見対立的に見える新旧の子育てをめぐる価値観の葛藤はごく自然な流れで解消され、解決されていくと考えることが出来る。子育てをめぐる協働と相互理解・相互信頼が新しい美山の教育への展望を開くことになる。これが美山小の将来的な展望を開く上での第三のヒントである。

第四に、美山小・中学校運営協議会など、美山小の将来に関して重要な問題を審議する人たちの供給源や選出の仕方という問題について考えてみよう。過疎、高齢化が進む状況の中で、責任が重く、実働回数が少ないとは言えない委員の引き受け手が見つからないという現実的な問題があるように思われる。発足後五年が経過した現在では、運営協議会の委員の選出規準や任期を決めてほしという声が上がることは、避けられない。過疎、高齢化社会ならではの苦しい事情が迫っている。

こうした課題に対応するためには、コミュニティ・スクールの学校運営協議会委員やコーディネーター、更に熟議や協働活動に係る人たちに関する人選や待遇等に関して、地域の実態に即した柔軟な運営が可能な仕組をつくることが求められる。文科省や教育委員会による予算措置や運営方針の見直しが美山の学校の将来的展望に与える影響は大きいものがある。

第五に、近代教育思想の系譜という観点からみた美山小の実践事例の位置づけ、性格をどのように考えればよいのか、端的に言って、美山小の実践のモデルはどこに求められることが妥当であるのかという問題を取り上げてみたい。過疎、少子化が進む地域社会の中にあって、一人一人の子どもたちの幸せを願い、子どもたちに働きかけていく教職員の仕事には、それを根底において支える考え方、教育思想といったものがあってしかるべきであると、筆者は考えている。教育者の側での主体的な考え方や判断を欠いた教育の仕事は、真の意味での人間形成とはなり得ない。

筆者は、美山小の実践の源流を、ルソーやペスタロッチの合自然の教育、生活教育思想、更に田園教育思想の系譜の中に求め、いわばその二一世紀版として捉えることはできないかと考えている。そのような考え方の上に立つことによって、美山小の実践により深い教育的な意味を見出し、普遍的な価値を与えることが出来るのではなかろうか。

ともあれ、美山の地に、教育の理想を掲げ、人類社会の夢と希望の灯を燃やし続けるという使命感に立つ教育実践を展開することの大切さを指摘して、本節の結びとしたい。

なお、筆者は、二〇一六年四月の美山小学校の開設以来、二〇二〇年度現在に至るまで、「少子化・人口減少社会に対応した活力ある学校推進事業推進委員」および「南丹市立美山小学校運営協議会委員」に就任している。その意味では、美山小におけるコミュニティ・スクールの取組や「美山学」の構想に当事者としてその責任の一端を負っている。但し、本節の文責は全て筆者にあることをお断りしておきたい。

また、本節の執筆に当たっては、地元の会員制の雑誌である「北桑時報」第二八八号、(令和四年一月)および第二八九号(令和四年七月)に掲載されている山口満「美山におけるコミュニテイ・スクールづくりに参加して」の一部を活用していることをお断りしておきたい。

参考文献

・門脇厚司『子どもの社会力』岩波書店、一九九九年
・金子郁容『日本で「一番いい」学校―地域連携のイノベーション―』岩波書店、二〇〇八年
・佐藤晴雄編著『コミュニティ・スクールの研究―学校運営協議会の成果と課題―』風間書房、二〇一〇年
・田中滋編著『都市の憧れ、山村の戸惑い―京都府美山町という「夢」―』晃洋書房、二〇一七年
・露口健司編著『ソーシャル・キャピタルと教育―「つながり」づくりにおける学校の役割―』ミネルヴァ書房、二〇一六年

参考資料　美山小学校の児童数の推移

年度	2016 H.28	2017 H.29	2018 H.30	2019 R.1	2020 R.2	2021 R.3	2022 R.4	2023 R.5	2024 R.6	2025 R.7
児童数	125 (8)	138 (6)	135 (7)	138 (5)	140 (5)	131 (7)	131	117	104	96

注1　(　)内は内数で、山村留学生数を示す

注2　2022(令和4)年以降は2019年五月現在の年齢別人口集計からの推計による

第3節　山村留学センターの意義と課題——美山町のケースを中心に

村田翼夫

はじめに

京都府南丹市にある美山町は「かやぶきの里」として有名で観光客も多く訪れる。しかし、美山町の人口は減少しつつある。一九六〇年代に一〇、〇三五人であったが二〇〇〇年に五、二三一人となり約半分に減少した。二〇二〇年には、三、六七二となり三〇〇〇人台に陥った。

二〇一五年七月二六〜二七日に美山町の小学校統合に関する調査を行った。その時に、美山山村留学センターをはじめて訪問した。同センターに京都市、大阪府、奈良市などの都会から小学生が留学していた。留学生たちは共同生活を行いつついろいろな自然体験活動を経験していた。当時、美山町の諸学校はまだ統合されていなくて、留学生たちは旧知井小学校に通学していた。美山町の小学校五校が美山小学校に統合された(二〇一六年)後、二〇一九年五月三一日、および二〇二〇年七月二九日にも同センターを再訪した。いずれの時もセンター運営委員長の澤田利通氏および指導員の方々にインタビューすると同時に施設を案内いただだき、資料をみせてもらった。二〇二〇年七月二九日には、留学生と話し合いアンケートを取らせてもらった。それらの結果を含めて以下の要領でまとめてみる。

1．山村留学センター発展の経緯：全国的な傾向

山村留学センターは、一九七六年（昭和五一年）に長野県八坂村（現大町市八坂）に「公益財団法人育てる会（青木孝安会長）」の教育実践活動として初めて設立された。一九六八年（昭和四三年）から春夏冬の休みを利用して短期の自然体験活動が行われていたが、一九七六（昭和五一年）から一年間留学が始まった。留学生は、月の前半をセンターから、後半は受け入れ農家（里親）から地元の小中学校に通学した。これを一年間繰り返す併用方式の山村留学であった。育てる会は創設以来、自治体との協力を積極的に行ってきた。長野県内では、八坂村、美麻村、売木村、新潟県松之山町、愛知県富山村などの自治体と連携して山村留学を実践してきた[1]。

一九八五年（昭和六〇年）頃から全国的に普及して山村留学実施校および留学生が増え、二〇〇〇年（平成一二年）～二〇〇六年（平成一八年）頃にピークに達した。二〇〇四年には、実施校は一五八校、留学生は八六〇人に及んだ。二〇〇七年から減少してきているが、二〇一六年（平成二八年）頃から多少増加傾向がみられる（**資料1・2**、参照）。留学生は、二〇一八年（平成三〇年）に五七〇名であった。小学生が中学生より多かった。同年のケースで、小学生が約六七％（三八〇名）、中学生約三三％（一九〇名）であった。学年別では小学五年生が最も多い（約二〇％）。県別にみると、鹿児島県（一三〇名）、長野県（一二四名）、北海道（六三人）、群馬県（三七

人）に多かった。

育てる会の青木会長の説明によれば、山村留学という教育機能は、社会教育の独立機関として位置づけられ、当該自治体の社会教育機関と密接な連帯機能を有する。学校教育とは相互補完、時には融合の機能を果たすものであり、新しい近未来的な教育機能の創設を志向するものである[2]。山村留学には、寮方式、ホームステイ方式、寮方式とホームステイ方式の併用方式と家族方式（子どもと親が一緒に住む）がある。京都府にあるのは、美山山村留学センター（寮方式）のみである。都会の児童生徒が山村に滞在し、受入れ地域の子どもたちも活気づく効果が現れた。

2. 美山山村留学センターの発展とその特色

一九九六年（平成八年）に旧知井小学校に山村留学検討委員会が発足し、都会からの留学生受け入れの検討が始まった。同委員会には当時の知井自治会（後の知井振興会）のメンバーが中心となっていた。翌年に同委員会のメンバーが実践されている先進地域の留学センターに視察を行い、知井小学校新築記念の事業として実施することを決定した。一九九八年（平成一〇年）四月から山村留学制度が導入され、民家を借用しつつ五名の留学生を初めて受け入れた。さらに一九九九年（平成一一年）に新たに五名が留学してきた。それとともに新しい山村留学センターが着工完成した（**写真6**）[3]。

その後、**資料3**に示す通り八〜九名の留学生が滞在した。二〇〇七年（平成一九年）には一〇周年記念式典が挙行された。また、二〇〇九年の一一月には山村留学を経験した留学生のＯＢ会が設立された。二〇一五年に学生の延べ人数が一三〇名、二〇一八年には一五〇名を超えるに至った。二〇一七年には二〇周年を迎え、記念式典が行われた。（資料３参照）。さらに、二〇二一年に四名、二〇二二年に七名が留学している。

センターにおける澤田利通運営委員長、指導員、寮母さんへのインタビューや資料に基づいてその特色について考察してみる。

第一に、児童留学生が、都会にいる家族と離れて一年以上にわたり山村に長期滞在することがあげられる。第二に、それまで知らなかった小学生の友達と集団での共同生活を送ることである。家庭での生活では、ある程度わがままも許されるだろうが、他人との生活となるときびしい規則を守り、生活習慣を身に着けることが求められる。センターでは、テレビゲームの使用は禁止で、テレビは共同で見るときだけ許されている。共同生活する仲間には、異年齢の児童もいて生きる知恵や努力を先輩から学ぶという貴重な体験も可能であろう。壁には、生活のための三ケ条として「あいさつをすること、外であそぶこと、後片付けをすること」の掲示板が掲げられている（**写真7**参照）。センターには、指導員が二名、寮母が一名いて、生活指導に当たるとともに食事・洗濯の世話も行っている。指導員は、留学生が里親の家庭に行く木曜日、金曜日を除き一日七時間半の勤務である。なお、指導員と寮母は有給である。

第三に、多くの自然体験活動ができることである。留学生たちがあげているのは、春には田植え（**写真8**）、山菜採り、ジャガイモ掘り、夏には、ホタル捕り、川遊び（**写真9**）、魚釣り、山登り、秋には、落ち葉拾い、キノコ狩り、冬には、雪遊び、そり滑り、餅つきなどである。田植え、ジャガイモ掘り、キノコ狩りなどに従事することは、勤労体験学習にもなる。また、豊な自然環境においていろいろな活動をするうちに自然環境を守ることの大切さも学んでいる。第四に、里親制度が実施されていることである。各留学生は、それぞれ美山町の家庭に週に一回一泊して家族と生活を共にする。各家庭で食事をごちそうになり、掃除、草むしりや農業など仕事のお手伝いをする。それにより地域の生活を知るよい経験となっている。里親は、単に食事提供と宿泊の機会を提供するだけでなく、教育的指導を行うことも期待されている。

第五に、センターは、基本的に社会教育機関として南丹市教育委員会の社会教育課の管轄下にある。同センターの実際の運営は、知井地区における知井振興会の協力の下で「山村留学運営委員会」が行っている。その委員会には、知井振興会、PTA、女性会、老人会などの代表が参加し、地域

写真6　美山山村留学センターの全景
(長野光孝氏提供)

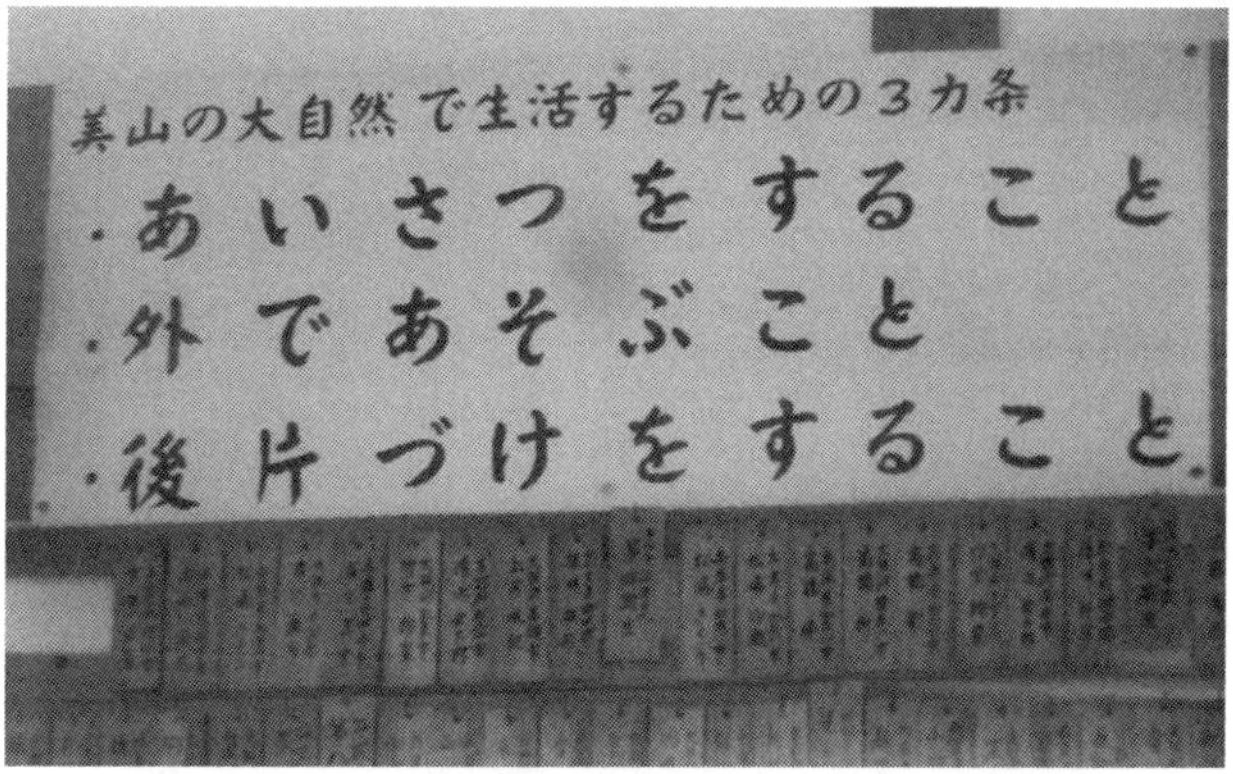

写真7　美山山村留学センターの生活三ケ条[4]

写真8　留学生の田植えの様子

写真9　留学生の川遊び

社会総がかりでその運営推進に当たってきている。美山小学校の校長、教頭先生も参加している。そこで、センターにおける財政、人事、留学生の指導方法なども検討してきている。

第六として、留学生達の貴重な体験に関する感想（インタビュー、アンケート調査）を挙げておく。二〇二〇年の七月二九日にセンターを訪問した時に、留学生たちにアンケート調査を行った。まず、「センターの生活は楽しいか」という質問に対し、「楽しい」（二名）。「楽しい時も苦しい時のある」（五名）であった。楽しい理由としては、「友達がいる」（六名）、四「食事がおいしい」（六名）、「自然体験活動がある」（五名）、「指導員が親切」（五名）、「地域の人々が親切」（二名）などであった。一方、苦しい理由としては、「家族と会う機会が少ない、家族がいなくてさみしい」（六名）、「規則がきびしい」（一名）、「留学期間が短い」（一名）などがあがっていた。

楽しかった経験として、以前の留学生たちが文集『四季の里』（平成二九年度）に例を載せている。元五年生の留学生は、「楽しかったのは、春は山菜採り、夏は川遊び、秋はコーヒーアート、冬は雪遊びです。中でも一番楽しかったのは、センターのみんなと一緒にしゃべったり、活動したことです。」と報告している。ある六年生は「川遊び、川釣り、秋の楽農祭における牛乳早飲み競争、冬の剣道大会など、普段できない体験は、ゲームより楽しかった。」（六年生）とある。また、他の二年生は、「学んだのは第一に掃除の仕方、第二は川釣りの仕方、第三にバーベキューの仕方です。」[5]と述べていた。

その他の意見として、留学生全員が、センターの生活終了後もセンターを訪ねたいと話していた。

3. 山村留学センターの意義と課題

ここで、美山山村留学センター、ならびに参考文献に紹介されているケースを参考にしつつ山村留学センターの意義と課題について考察してみる。

⑴ 意 義

①山村と都会の交流

都会の子どもが山村に滞在し、山村の子どもたちと学校や自然環境で生活を共にすることによって活気づく。他方、山村の子どもたちも都会の異質な友達が現れいろいろな刺激を受けて活気づく。例えば、ゲームの遊び方、学習の方法、スポーツの方法、積極的な態度などを習う。いうなれば、都会と山村の子どもたちの交流により両者に活気を与えるメリットが生まれる。

山村のセンターには、留学生ばかりでなくその保護者も頻繁に来訪する。この機会をとらえて各種の交流事業を展開できよう。山村の故郷づくり運動への協力、地場産品の頒布活動などである。

山村の開発を考察する際に、内発的発展が主張されてきたが、最近はネオ内発的発展が主張されている。それは、従来の地域による内発的発展に加え、山村と都会の交流、および外部からの援助を重視するものである。[6] こうした観点からも山村と都会の交流の重要性がうかがわれる。

②留学生を鍛える：忍耐力、社会力、自立心等の育成

家族と離れての他人との共同生活は、経験する子どもにとって緊張をともなう。そこには、センターの規則や新しい生活習慣がある。食事、お風呂、消灯時間、あいさつや掃除の仕方も自分の家庭のケースと違っている。異なるルールがあり勝手なことは許されない。そうした生活には当然我慢が求められ、忍耐力が身につく。ルールを守りつつ、知らなかった友達、新しい指導員、里親の家族、地域の人々と接触交流すれば、留学生たちを鍛え社会力を養うことができよう。現在、子どもたちに最も欠けているといわれる社会力、協調性、寛容性、自立心など、いわば生きる力を身につけることになれば、それはきわめて有意義な生活といえよう。

澤田運営委員長にインタビューした時に、興味深い話があった。センターの元留学生達がお盆や正月の休日にセンターに集まって懇談会を持つことがある。数十人の元留学生の話を聞いて気づいたのは、彼らは社会的に責任ある立場で活動をしている方が多いということであった。澤田運営委員長の分析によれば、彼らは、この留学センターにおける生活を通して、忍耐力、社会力、協調性などを身に着けたことが責任ある仕事をこなしていく力になっているのではないかとの見方であった。寮母さんも「昨年の二〇周年記念式典の折に、立派に頑張っている多くの懐かしいＯＢ達に出会い、それぞれ苦労はあるものの山村留学したことは、とても良い経験であったとの声を聞くことができました。」と報告されている（文集『四季の里』平成二九年度）。同じ文集において保護者の意見として、「山村留学で一年間親元から離れた経験により、これから本人が人生で人を大切に思うこと、何かあったときに自分で決めること、決めたことに責任を持つことがきっと出来

る人になれると思います。」と自立心の確立を強調していた。

③自然体験による感動と思考力、解決力の向上

自然との直接体験は何よりも得難い経験であり、その体験を通して自分自身の思考力、自立性、集中力ならびに解決力を育てることになる。都会の子どもも最近では、画面を通していろいろな自然のバーチャル体験を楽しむことができよう。しかし、それは自分の体、心に響く経験ではない。直接生命や物に触れる体験を通して思考の礎を築き、思考の葦を磨くことができるわけである。さらに、留学生が自然体験を通していろいろな課題意識が生まれ、それの解決に立ち向かう解決力も身につこう。そういう観点から、四季を通して各種の自然体験活動をすることは、きわめて有意義である。また、梅原猛氏は『哲学への回帰—人類の新しい文明観を求めて』の中で次のように述べている。「まだ日本のいたるところに残っている生の自然にふれる。それは喜びです。子供はそのような生の自然にふれることに深く感動する。子供は虫を見たら喜び貝をみたら目をかがやかせます。それが人間の自然との直接な出あいです。永遠に人間と自然との感動的な出あいをくり返す。そういうあり方を私は循環と言っているのですが、進歩の理念がそういう理念に変わらなくてはならない。」[7]と。

④山村へ若者が集まる契機

留学生へのアンケートにおいても、彼/彼女らは、センターの生活終了後も同センターを必ず再訪したいと答えていた。澤田運営委員長へのインタビューでも、元留学生の先輩たちでセンターの行事の時に訪ねて

くれる方々は多くいるとのことであった。二〇二〇年七月二九日に同センターを訪問した時に、元留学生であった一人のご婦人に出会った。彼女は愛媛県出身であるが、センターに指導員として勤めたことがきっかけで美山町の方と結婚し新住民となっているとの報告であった。さらに、前述のように留学生の保護者もしばしばセンターを訪問して都会との交流を促進している。ある保護者は、「当初、猛反対であった祖父母と一緒に、山村留学センターの入所式、親子行事、二〇周年記念式典、美山小学校の参観日、運動会、学習発表会など、美山に足繁く通いました。」(文集『四季の里』平成二九年度)と述べている。

その他、PTA活動や地域の奉仕活動に参加した後にセンターを訪ねるケースもある。

このように、センターにおける留学経験、センターへの保護者の訪問などを踏まえて、都会の若者が山村を訪問したり滞在したりする契機になることが考えられる。

(2) 課　題

次に、同センターにおける課題を検討してみる。実は、この「美山山村留学センター」は二〇二〇年で二二年目を迎えているが、澤田運営委員長の説明によれば二五周年を境に二〇二三年三月で廃止されることになっているとのことであった。誠に残念なことであるが、その理由を検討するとともに、一般的な山村留学センターの課題を考察してみたい。

①財政状況と行政の協力

センターでは、留学生が月に七万円の月謝を払っている。その中に小遣費も含まれる。同センターに、南丹市から年額約二千万円の補助が来ている。それは、施設設備の維持費、指導員や寮母への給与等に使用されている。同市の財政負担が重いため、その援助の継続が、最近、難しくなっており、そのため同センターの維持ができなくなった。南丹市の教育委員会へ行き教育長から得た情報によれば、京都府へ援助の要望を出したが対応してくれないとのことであった。山村留学センターで生活する留学生は地元の児童でないにしても、地域に与える影響の大きさを考慮して同センターに財政援助を行うべきであろう。教育行政の立場からすれば、財政援助にとどまらず、学校教育と社会教育の連携促進、運営委員会の委員や指導員などの人材提供、山村と都会の教育交流のプログラム展開なども考えられよう。

②山村留学生との交流

二〇一六年に五つの小学校が美山小学校に統合された。それに伴い旧知井小学校に通っていた山村留学センターの留学生達は美山小学校へ通学するようになった。そのため旧知井小学校が目指した児童数減少による複式学級の導入や学校統合化を回避するという目標はなくなった。また、留学生達が地元の児童生徒と交流して知井地区における教育の活性化を図るという意義目的も困難になった。こうしたことも山村留学センター廃止の要因であった。過疎地と都会の子どもが地域住民を含めて交流し互いに視野を広める教育機会は広めたいものである。

③指導員・寮母の育成

同センターでは、常時、二名の指導員が勤務して留学生の指導に当たっている。主に、センターのルールの維持、留学生に対する生活指導や相談を行っている。また、寮母さんもいて主に食事や洗濯の世話をしている。その有給である指導員や寮母が高齢化してきたが後任を見つけにくい状況にある。山村留学センターの意義を理解して同センターの維持発展、留学生指導に取組んでくれる指導員・寮母の育成がぜひとも必要である。

④地域・学校の協力

前述のように、同センターは知井振興会と山村留学運営委員会が中心となって管理運営されているが、その運営委員会のメンバーには、知井地域における各種の団体（振興会、女性会、老人会等）の代表が参加していた。いうなれば、地域の全面的な協力があった。それらの代表たちが高齢化して後任が必要であるが探しにくくなっている。また、同センターには里親制度があり、留学生たちは週一回里親の家庭を訪ねて山村家族との交流を行ってきている。その里親を引き受ける家庭が少なくなっている。その他、ジャガイモ掘り、田植え、餅つきなどの活動には地域の人々の協力を得ている。また、美山町の祭りに留学生も参加している。

学校においても、地元の児童以外に都会の児童が留学してきていることを教師が認識して教育指導に当たることが必要であろう。美山町において学校統合が実施される前には、センターの留学生たちは、近くの旧知井小学校に徒歩で通学していた。その際、地元の児童との交流もよく行われ、教師たちも留学生の特色を考慮して指導に当たっていた。しかるに、学校統合された美山小学校へは、バス通学し学校の児童数、児童の出身地も増えたので、地元の児童との交流の機会が少なくなった。教師たちの方でも、いろいろな地域から児童が来るので、留学生を特別に扱う指導が少なくなった。折角、都会から留学して通学しているので、その特色を考慮して教育指導を行うことが必要であろう。

⑤山村留学センター情報の流布

上述のように素晴らしい特色をもつ山村留学センターであるが、その存在がそれほど知れ渡っていないのではないかと危惧される。美山山村留学センターの場合、旧知井小学校では、同センターを重視し留学生と地元の子どもとの交流を積極的に促進した。しかるに、美山小学校では、それらの留学生を特別に考慮していない。京都府に存在する唯一の留学生センターであるが、南丹市自体が廃止を認めようとしておりその存続、留学生の増加を図る政策は見られない。

全国的にも、山村留学センターは減少傾向にありその存続が危ぶまれる。同センターのメリットである、自然体験活動、都会と農村の人材交流、人物を鍛える教育・生活指導などの情報が流布していないのではないか。

各山村留学センターでは、ホームページを通して紹介しているだろうが、留学生の通う学校、学校が存在する市町村の教育委員会、県や府の教育委員会がもっとその良さを取り上げて情報を流布し存続に協力すべきであろう。

まとめ

旧総理府による世論調査（一九九八年）によれば、青少年自身の問題点として。「忍耐力がない」、「自己中心的」、「甘えの気持ちが強い」などが上位を占めた。家庭の問題点としては、「子どもを甘やかしすぎている」、「教育方針が進学中心である」、地域の問題点としては、「地域で子どもが遊んだり、スポーツしたりする場や機会が少ない」、「都市化の進展により、隣近所に無関心な人が増えた」、「地域で自然に触れる機会が少なくなった」などが上位に挙げられた。[8] こうした問題状況は、現在も余り変わっていないと思われる。

山村留学センターの特色や意義のところで述べたように、それは山村と都市の交流を促す拠点となり、山村へ若者が来たり滞在したりする契機を提供している。また、家族と離れての長期の共同生活を通して留学生の人格が鍛えられ、忍耐力、社会力、自立心が身につく。まさに自己中心、甘えの気持ちを克服し、多くの自然体験活動を実践することで自然に触れつつ思考力、課題解決力を培うことができる。こうした山村と都市の交流、若者の地方・過疎地への移住、社会力・思考力、解決力の確保は、まさに今日の日本の人々が待ち望んでいる課題解決法ではないか。

青木孝安氏が回想録『育てる会の歴史』（二〇一一年）において次のように記述している。「留学生が身につける自由で広範な体験と、そこから生まれる課題意識、それの解決に立ち向かう〝意欲的な解決力〟。そして、集団生活で身につけた〝他人への思いやり〟の人間性。この二つこそが、将来の日本を背負って立つ人間像の源と考える。」[9] と。集団生活、自然体験活動を通して培われる課題意識、課題解決力、それに他人との共

資料1　全国の山村留学生数の推移

昭和51	53	55	57	59	61	平成1	3	5	7	9	11	13	15
9名	15	35	59	100	348	456名	515	562	646	714	780	775	804

平成16	17	18	19	20	21	22	23	24	25	26	27	28	29	30
860名	808	806	689	677	551	522	527	510	557	488	479	544	560	570

（NPO法人　全国山村留学協会編「全国実態調査報告書」（平成30年）による。）

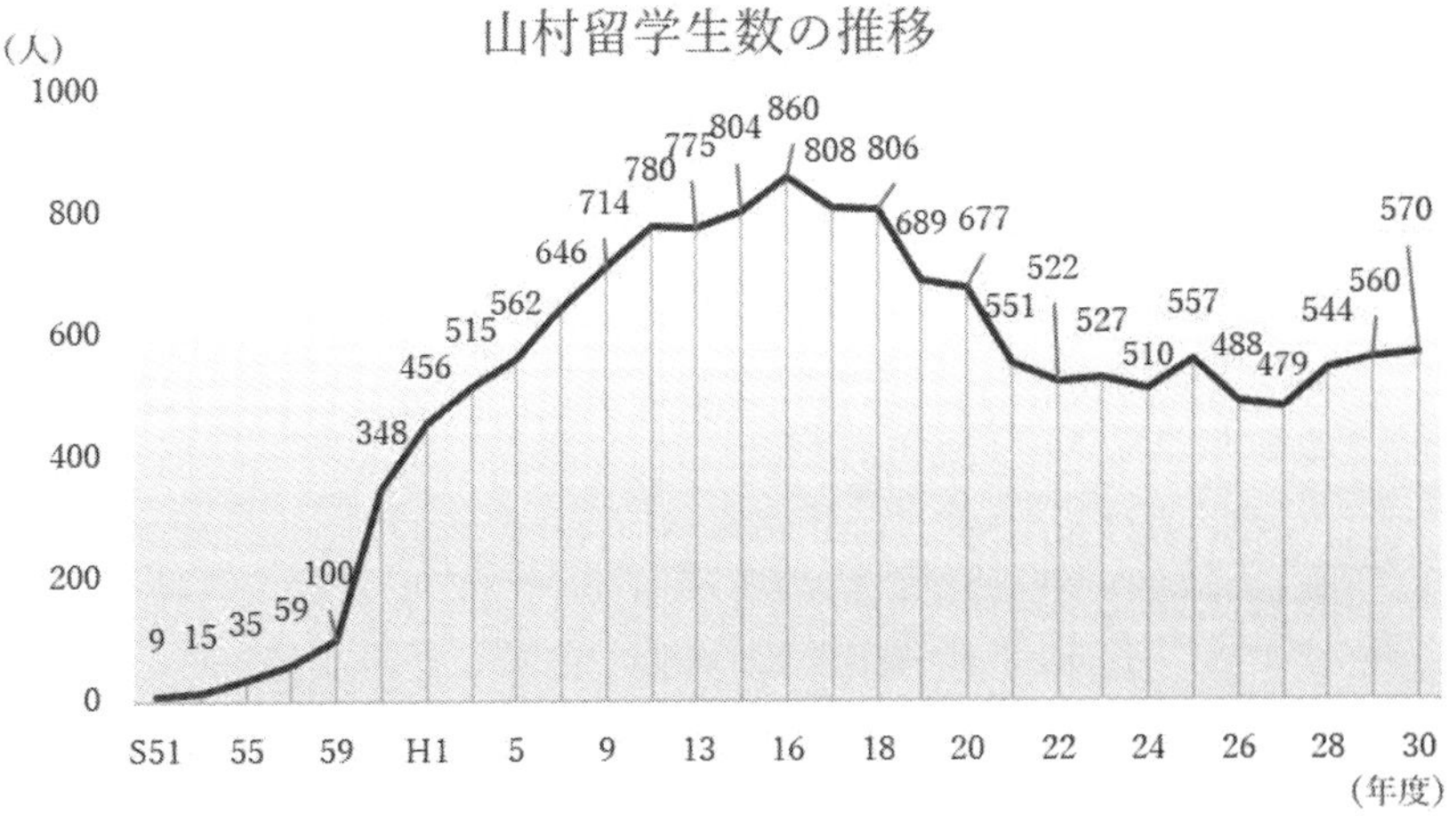

資料2　山村留学実施校の推移

昭和51	52	53	54	55	56	57	58	59	60	61	62	63
2名	2	2	2	4	3	5	9	10	16	27	44	61

平成1	2	3	4	5	6	7	8	9	10	11	12	13	14	15	16
65名	70	69	87	89	104	103	109	122	131	147	157	153	151	149	158
平成17	18	19	20	21	22	23	24	25	26	27	28	29	30		
140名	147	143	138	120	113	106	100	100	94	84	108	108	109		

（NPO法人　全国山村留学協会編「全国実態調査報告書」（平成30年）による。）

資料3　美山山村留学センターの沿革

平成 8 年（1996 年）	4 月	知井小学校に山村留学検討委員会が発足。
平成 9 年（1997 年）		山村留学センターの先進地域の視察、検討会。
平成 10 年（1998 年）	4 月	山村留学制度の導入。民家の借用。5 名が留学。
平成 11 年（1999 年）	4 月	5 名が留学。山村留学センターの 着工。
平成 12 年（2000 年）		8 名留学。
平成 13 ～ 14 年		各年 9 名留学。
平成 15 ～ 18 年		各年 8 名留学。
平成 19 年（2007 年）	4 月	10 名留学。9 月　10 周年記念式典挙行。
平成 20 年（2008 年）	4 月	8 名留学。
平成 21 年（2009 年）	4 月	6 名留学。11 月　山村留学 OB 会設立。
平成 22 年～ 23 年		各年 6 名留学。
平成 24 年（2012 年）	4 月	8 名留学。
平成 25 年（2013 年）	4 月	9 名留学。
平成 26 年（2014 年）	4 月	6 名留学。
平成 27 年（2015 年）	4 月	9 名留学。修了生が、延べ 130 名を超えた。
平成 28 年（2016 年）	4 月	8 名留学。5 小学校が統合して美山小学校となる。
平成 29 年（2017 年）	4 月	20 期生 6 名留学。 10 月 20 周年記念式典挙行。
平成 30 年（2018 年）	4 月	7 名留学。修了生が、延べ 150 名を超えた。
平成 31 年 令和元年（2019 年）	4 月	6 名留学。
令和 2 年（2020 年）	4 月	6 名留学。
令和 3 年（2021 年）	4 月	4 名留学。
令和 4 年（2022 年）	4 月	5 名留学。

同生活で身に着けた忍耐力、社会力、これこそ日本の青少年にこれから強く求められる人間性であろう。さらに、別の本で青木氏は、「山村留学体験者の語る言葉を読むと、山村留学の体験は、現象的な行動に影響を与えるというより、その子どもの奥深くに根付き、生涯にわたって生き続けるもののようである。」と説明し、「山村留学は、生きるための基盤を心の奥底に形成する」[10]と表現している。元留学生達も「山村留学センターでは皆が本音で付き合っていました。その存在は、僕という人間の底の部分に確かにありますよ」と。別の方は「より強く心の中では八坂（山村留学センター）を身近に感じていて、それは第二の故郷ではなく、第一の故郷といっていいくらいです」[11]と述べている。そうしたことが山村留学センターにおいて育成可能ということであれば、その拡大、増加が是非とも、必要と思われる。山村留学センターは、まさに過疎地における教育的工夫により、日本の教育の方向、内容を改革していく好例であると確信する。

注

1　NPO法人全国山村留学協会、ホームページ、sanryukyo.net 二〇二〇年
2　岡崎友典『地域教育再生プロジェクト―家庭・学校と地域社会』左右社、二〇一八年、一五〇～一五一頁
3　美山町知井振興会、京都府南丹市教育委員会、南丹市美山山村留学運営委員会『美山山村留学二〇周年記念誌』二〇一八年、一〇～一五頁
美山山村留学センター『南丹市美山山村留学の紹介』二〇一九年、一頁
4　掲載の写真（7～9）は、『美山山村留学二〇周年記念誌』（二〇一八年）より転載した。
5　南丹市美山山村留学センター「四季の里」文集『四季の里』（第二〇期生）二〇一八年、一九、二三、二四頁

6 小田切徳美編『農山村再生に挑む―理論から実践まで』岩波書店、二〇一三年、二四七～二五〇頁
7 稲盛和夫・梅原猛『完本・哲学への回帰―人類の新しい文明観を求めて』ＰＨＰ研究所、二〇二〇年
8 川前あゆみ・玉井康之『山村留学と学校・地域づくり―都市と農村の交流にまなぶ』高文堂出版社、一九九八年、九頁
9 岡崎友典『地域教育再生プロジェクト―家庭・学校と地域社会』左右社、二〇一八年、一五〇頁
10 青木孝安『山村留学―生まれ変わる子ども、親、村』農山漁村文化協会、二〇一六年、一〇七～一〇八頁
11 國分紘子『山村留学と生きる力―親を離れて、自然体験』教育評論社、二〇〇六年、一八五、一八七頁

参考文献

・青木孝安『山村留学―生まれ変わる子ども、親、村』農山漁村文化協会、二〇一六年
・稲盛和夫・梅原猛『完本・哲学への回帰―人類の新しい文明観を求めて』ＰＨＰ研究所、二〇二〇年
・岡崎友典『地域教育再生プロジェクト―家庭・学校と地域社会』左右社、二〇一八年
・小田切徳美編『農山村再生に挑む―理論から実践まで』岩波書店、二〇一三年
・川前あゆみ・玉井康之『山村留学と学校・地域づくり―都市と農村の交流にまなぶ』高文堂出版社、一九九八年
・國分紘子『山村留学と生きる力―親を離れて、自然体験』教育評論社、二〇〇六年
・南丹市美山山村留学センター「四季の里」文集『四季の里』(第二〇期生)、二〇一八年三月
・美山町知井振興会、京都府南丹市教育委員会、南丹市美山山村留学運営委員会『美山山村留学二〇周年記念誌』二〇一八年一〇月

第2章

チョロギ村（京都・亀岡）の過疎化対策と教育

森　隆治

〔**概要**〕本章では、京都府亀岡市の西北部に位置する神前地区で行われているチョロギ村づくりの活動を紹介する。

同村でも一九九〇年頃から高齢化、過疎化が進んだ。村人達は地区の活性化のために薬草栽培に目を付け、二〇一四年頃からチョロギや金時生姜などの薬草の栽培を始めた。同時に地区の外れに「森のステーション」という施設を設立して薬膳レストラン、薬草製品・民芸品を販売する売店などの事業も開始した。同ステーションでは、その他、子どもや成人を対象に「生活楽しみ塾」も実行している。その中に薬草教室、ヨガ、落語教師などもあり人気を呼んでいる。

地区の小学生の減少に対応した「良い子育て環境づくり」も記述されている。そのプログラムに「子どものための教室」があり、「理科大好き教室」、「金時生姜・チョロギ収穫体験」も含まれている。また、自然体験を尊重する「森の自然保育園」も二〇一九年四月から開設された。これらの事業活動により、若い子育て世代が移住したくなるような地区にすることを目標としている。そられについて具体的に紹介する。

はじめに

神前《こうざき》地区は亀岡市の西北部に位置する山里であるが、古くから良質の砥石の産地であり、その採掘・加工業と農業が主な産業であった。しかし、一九六〇年(昭和三五年)頃から日本人の生活様式が変わり、包丁や鎌などを研ぐことが無くなって、やがて砥石産業は姿を消した。同時に、その頃から子どもたちは高校や大学に進学し始め、卒業後は会社勤務が多くなって、殆どの家は第二種兼業農家へと変わった。世代が変わり、一九九〇年頃から若い人たちの流出が続き、跡継ぎのいない家が増え始めた。現在、神前地区は戸数約一四〇戸、人口四五〇人弱であるが、高齢化率(六五歳以上)は四一%近くに達しており、二〇年後には戸数は半減、高齢化率は八〇%近くになるものと推測される。また、田畑の耕作放棄地が増え、地域の伝統文化や風習は伝承されず、買い物難民や医療難民が多くなっているとも考えられる。

そこで私たちは、少子高齢・過疎化する地域を元気にしようと「チョロギ村づくり」を始めることにした。なおチョロギとはシソ科の薬草で、根の先端にできるイモを用い、収穫時期は一〇月から一二月である(写真10)。原産国は中国で、鎮静や滋養強壮用に用いられているが、日本では「千代呂木」とか「長老喜」とかの字が当てられ、縁起物の食

写真10　チョロギ

品として赤く染めた梅酢漬けが正月用のおせち料理に用いられる。さらに、最近の研究では「もの忘れ予防」の効果が期待できるとされ、注目され始めている。

1. チョロギ村の理念

少子高齢・過疎化する地域を元気にするため、次の五つの目標を掲げ、その目標を達成するために「薬草と健康」をテーマにして五つの事業を行っている（**写真11**）。

(1)五つの目標

・楽しい村であること
・三世代が共生している村であること
・交流のある村であること（①住民どうしの交流②住民と他の地区の住民との交流）
・誇りが持てる村であること
・活気がある村であること

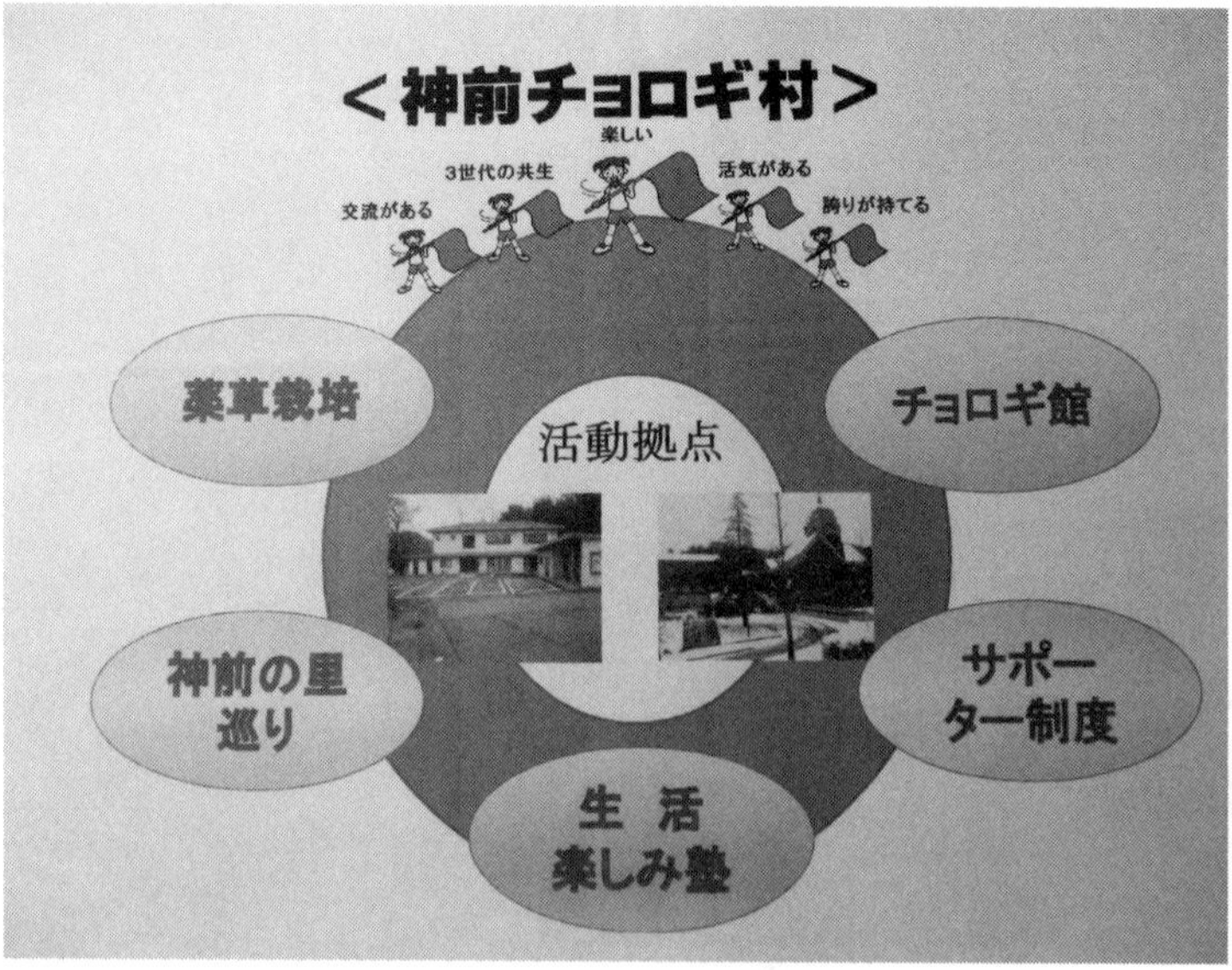

写真11　チョロギ村概念図

(2) 五つの事業

・チョロギ館事業
・薬草栽培事業
・神前の里巡り事業
・生活楽しみ塾事業
・サポーター制度事業

2．チョロギ村の活動概要

(1) チョロギ館事業

チョロギ村の活動の拠点として位置づけられ、ここで他地区の人と神前地区の住民との交流が図られる。チョロギ館にはレストラン、売店及び庭園があり、そこで働く人は主に神前地区の人達である（写真12）。このチョロギ館を訪ねてくれる人たちのおもてなしをすることにより、神前地区の

写真12　チョロギ館

住民が「張合いのある暮らし」ができることを目指している。

チョロギ村は「薬草と健康」をテーマにしているので、レストランは「薬膳レストラン」であり、売店ではチョロギ商品や薬草関連商品を販売している。また、庭園は薬草庭園とし、季節に応じて咲く花と身近な薬草を植えている。

①薬膳レストラン

東洋医学では人間は自然の一部と考えられ、四季に応じて体調が変化するとされている。そこで、薬膳レストランでは四季ごとにメニューを変える薬膳御膳をメインとし、薬膳カレー・チョロギうどん、そしてフレンチトーストを提供している。喫茶コーナーではコーヒー・紅茶・チョロギジェラート・チョロギ甘酒などがあり、営業時間は一〇時～一五時（レストランは一一時～一四時）で、店員が無理なく働けるようにしている。

店の名前を「お家薬膳　忘れな」と言い、これは、お家でも同じように薬膳料理を作り、家族の健康を守っていただけるようにと①使用している食材はどこでも買えるものばかりで、②なぜそのような食材を使っているのか、またなぜそのような味付けにしているのかを解説したチラシを持ち帰っていただいている。

②売　店

売店では、私たちが開発したチョロギの漬物・飴・あられ・そば・甘酒・ジェラートなどの加工食品、住民が栽培したチョロギ・金時生姜やそれらの薬草苗を販売している。また、神前地区の住民の「張合いのある暮らし」を応援しているので、住民が趣味で作った人形・小物や野菜などを自由に値段を付けてもらって販売している。

③薬草庭園

薬草庭園は「薬草原」と名付け、広場やあぜ道で普段よく見かけている草花の中に薬草があることを子ども達が発見してくれるようにしている。

売店には薬草図鑑が置いてあり、「薬草の豆博士」が生まれるのを期待しているのである。また、日本で文献に出てくる最初の薬草「ガマ」や、チョロギ村が大切にしている三つの薬草(チョロギ、金時生姜、当帰)も植えてある。

⑵薬草栽培事業

健康長寿に有用であることと栽培しやすいという観点から、私達はチョロギ・金時生姜《きんときしょうが》・当帰《とうき》の三つの薬草を大切にしている。①チョロギは、最近の研究で「物忘れ予防」に効果のあることが明らかにされ、認知症の予防が期待できること、②金時生姜は通常の生姜の三倍ほどの有効成分が含まれ、体を温める力が強く、病気にかかりにくい体つくり(免疫作用を高める)が期待できること、③当帰は血液を作る作用や血液の巡りを助ける作用があることから健康維持に大切であるからだ。そして、これらを住民が自分で栽培し、食用して、神前が健康長寿村になることを目指している。

このうちのチョロギについては近隣の農家や障害者福祉施設と協働しており、栽培されたチョロギを全てチョロギ村が買い上げて、野菜として業者に販売したり、加工商品にしたりして販売している（**写真13**）。今年からは金時生姜の商品開発を行い、栽培者と販路の開拓に取組んでいきたいと思っている。

写真13　チョロギ（全姿）

⑶神前《こうざき》の里巡り

神前地区には幾つもの観光資源がある。砥石の採掘坑跡や加工場跡、重要文化財のある宝林寺、京都府下では最大級の山城である八木城跡、蛍の乱舞する千々川などである。神前地区の住民がガイドしてこれらのコースを案内するノルディックツアーを実施している。一コース当たり一〇人までの健康ツアーで、顔が見られる規模の「ちーたび」である。

⑷生活楽しみ塾

神前地区に住む住民が楽しめる「大人の塾」と、理科教室などの「子どものための教室」などを開催している。

大人の塾では、京都にある大学の落語研究会や近隣の素人落語家を招いての「落語を聞く会」や、「素人によるマジック」、ＤＶＤを上映する懐かしい「名映画鑑賞会」などを開催している。

また、子どものための教室は「化石のレプリカ作り」「砂粒ジュエリー」や「理科大好き教室」を開催しており（**写真14**）、広く一般の人向けには「しめ縄作り教室」「ヨガ教室」「座禅教室」「薬草教室」などを開催している（**写真15**）。なお子どものための教室は、子育て世代の移住を促進するための「良い子育て環境作り」の一つとして実施している。

(5) サポーター制度

チョロギ村に会員登録していただき、チョロギ村の活動を応援していただく制度である。サポーターには会費を納めてもらう代わりに七割相当分のふるさと産品（チョロギ商品や神前米など）を返礼し、更に祭り行事など一年間の神前地区での出来事を掲載した機関誌も併せて送り、「遠くにいても、神前を身近に感じてもらう」ようにしている。サポーターは、神前で生まれたけれども今は他の地域で暮らしている人が多いが、私たちの活動を応援・支持していただく団体や人たちもいる。

写真14　化石のレプリカ作り

写真15　薬草教室

3. 過疎化対策の取組

(1)移住促進の取組

神前地区はＪＲ千代川駅まで車で一〇分であり、京都や大阪へも十分に通勤・通学できる位置にある。従って、若い子育て世代の移住促進を図るためには、新しい職場作りよりも良い子育て環境作りが大切であると考えている。

約二年前に、都会で暮らす子育て世代にアンケート調査を実施したところ(Ｎ＝一〇〇)、田舎での子育てに関心がある人が三六%、その理由を尋ねると①豊かな自然の中で子どもたちをのびのびと育てられるからが三六%、②生物に触れ、感性が豊かで心の優しい子どもに育つからが二〇%であった。

これらのことから、豊かな自然とのふれあいを取り入れた保育園作り、友達のことを理解し・大切にしてお互いに協力し合う子どもが育つ小学校作りや、チョロギ村が行う理科教室・薬草教室・薬草原で身近な薬草を発見する機会などを作れると良いと考えている。これらのうち、森の自然保育園が昨年から稼働し、チョロギ村の「子どものための教室」は数年前から稼働していることから、今後は、相手を思いやり、協調性のある子どもを育てる小学校作りに取組んでいきたいと思っている。また、空き家活用など住まい確保の取組も進めている。

神前地区が所属する宮前町自治会でも移住促進の取組を進めており、移住検討者に対して分かりやすくまとめた宮前町の紹介冊子「宮前町のしおり」を作成している。予め地域のことを良く理解して移住を決めていただき、ともに地域づくりに参加して欲しいと考えている。

(2)耕作放棄地の防止

神前地区は少子高齢化が進んでおり、田畑の維持管理ができない世帯が多くなって、近い将来に田畑の耕作放棄地の出現が見込まれる。一方、最近は農業を見直す動きが出始めており、新規就農を志す若い人たちが耕作地を探し求めている。

そこで、亀岡市農業推進委員や「京の田舎ぐらしナビゲーター」を通じて農地の貸し借りの斡旋を行い、耕作放棄地の防止に努めている。また、チョロギや金時生姜などの栽培を勧め特産物化を図って、農業収入の安定化にもつなげていきたいと考えている。

4. 過疎化地域に於ける教育改善の取組

神前地区の子どもたちが通う保育園(亀岡市立「森の自然ほいくえん　東本梅」)と小学校(亀岡市立青野小学校)には宮前町内の四区と東本梅町内の六区からの児童が通っている。うち、宮前町の総人口及び一四歳以下の子どもの人数は**表1**のとおりであり、宮前町は少子化率(一四歳以下の人口割合)が七・五%、高齢化率(六五歳以上の人口割合)は三六・四%の、少子高齢・過疎化が進行し始めている地域である。

表1　宮前町の人口構成

年齢区分	宮前町	（神前区）	（宮川区）	（猪倉区）	（湯の花平区）
0 〜 14 歳	106 人	36 人	27 人	9 人	34 人
15 〜 64 歳	792 人	227 人	222 人	83 人	260 人
65 歳以上	513 人	181 人	159 人	77 人	96 人
合　　計	1411 人	444 人	408 人	169 人	390 人

表2　青野小学校児童数の変遷

年度	2001	2002	2003	2004	2005	2006	2007	2008	2009	2010
児童数	185	172	164	160	154	145	137	131	115	104
年度	2011	2012	2013	2014	2015	2016	2017	2018	2019	2020
児童数	90	90	80	70	69	68	63	58	63	66

また、青野小学校の最近二〇年の児童数（小一〜小六）の変遷は**表2**のとおりであり、青野小学校の就学児童数は二〇年前と比べると1／3に、一二年前と比べても半分に減少している。また、三〇年ほど前から大学を卒業した若い人達が家を継がず、父母・祖父母のみが暮らす家が出現し、少子高齢化が進み始めた。

そこで、私達は若い人たちが移住してきてくれて地域が活性化するようにと、良い子育て環境づくりに取組むこととした。

⑴チョロギ村の「子どものための教室」

子どもが身の回りのものの中から新しいことを知り、発見する喜びを味わい、自主性・積極性が身に付くようになってくれることを願って、次のような活動をしている。

①理科大好き教室

毎年七月、八月、一〇月の三回、小学校低学年用と高学

年用の理科大好き教室を開催している（**写真16、表3**）。この教室は「子ども夢基金助成活動」の支援を得て実施しているもので、二〇人を定員とした参加費無料の教室である。高学年コース（小学四年生以上）と低学年コース（年齢制限ナシで、親子同伴可）に分け、講師陣は元学校教師等の科学工作・実験グループで実施しており、毎回概ね二〇人の参加がある。参加者の中には幾つもの教室を受講する児童もいて、自分の作った工作品を持ち帰れることも好評のようである。

②化石のレプリカ作り

毎年八月に自然博物館の講師を招いて、三葉虫やアンモナイトなどの化石の型に石膏を流し込んでレプリカを作る。参加費五〇〇円、定員二〇名の教室であるが、参

写真16　理科大好き教室

表3　理科大好き教室の例（令和2年度）

開催時期	低学年用	高学年用
7月	ペットボトルを用いた スカイピンポン作り	LEDを用いた ラブラブセンサー作り
8月	ペットボトルを用いた 浮沈子作り	ICを用いた光ファイバーの装飾品作り
10月	CDとゴム風船を用いた 動くおもちゃ作り	LEDとICを用いたオルゴール付き クリスマスツリー作り

加者数は一〇人〜二〇人である。

③砂粒ジュエリー

毎年七月に自然博物館の講師を招いて、ある地域の地層から採取した砂粒の中に混じっているサファイア、ガーネット、石英などをピンセットで取り出す。参加費五〇〇円、定員二〇名の教室だが、参加者数は一〇人〜二〇人である。

化石のレプリカ作りと砂粒ジュエリーは毎年同じ内容で実施しているが、子ども達の関心は高く人気がある。

④金時生姜・チョロギ収穫体験

金時生姜収穫体験は一〇月、チョロギ収穫体験は一二月に実施している。これは親子で参加する教室で参加費は一組一〇〇〇円であるが、各薬草が持ち帰れることもあり人気がある。定員は両教室とも一〇組である。

⑤しめ縄作り教室

神前地区のしめ縄作り名人を招いて、一二月にしめ飾りを作る。玄関にマイしめ縄を飾って正月を迎えることができるとあって、毎年二〇名の参加がある。参加費五〇〇円、定員二〇名の教室である。

⑵保育所

最近一〇年間の市立東本梅保育所の新規入園者数は三〜一三人であり、亀岡市は二〇一六年に、他の保育所と統合するべく地元説明会を開催した。一方で、そのことを受け両町自治会長（東本梅町自治会長と宮前町自治会長）や保護者会々長らによる「東本梅保育所を考える会」が立ち上がり、一〇回以上の会議を開催して協議された。地域活性化の観点から見て統廃合はどうなのか、統廃合に関する全世帯アンケート調査を実施するなどの検討が重ねられ、統廃合には反対の結論が出された。

二〇一八年に市がオープン会議を開催し、地元の協力が得られるなら「亀岡型自然保育」のモデル保育所としたいとの意向が示された。「東本梅保育所を考える会」は自然保育活動への協力を表明し、サポート隊の設立に動いた。

二〇一九年四月から「森の自然ほいくえん東本梅」（亀岡市立）の愛称を掲げて船出し、サポート隊も「わの会」と命名された。「わの会」は、東本梅町と宮前町の有志住民によるサポート隊で、ビオトープ（**写真17**）、ツリーテラス、キャンプファイヤーサークル、築山などの遊び場作り、田植え体験、川あそび、川の生きもの探し、サツマイモ掘りなどを実施し、地域と保育所が一緒になって活動する新しい自然保育が始まった。

写真17　ビオトープ

表４　東本梅保育所の園児数

年度	2011	2012	2013	2014	2015	2016	2017	2018	2019	2020
園児数	32 (11)	35 (13)	32 (5)	31 (5)	27 (6)	24 (7)	21 (5)	23 (9)	19 (3)	23 (11)

(　)内の数字は、新規入園者数

二〇二〇年からは「保育所」から「こども園」に変わり、三・四・五歳児については保育対象家庭の子どもに限らず、入園できる家庭の範囲が広がった。

東本梅保育所の最近の園児数は**表４**のとおりである。二〇一九年度中に寄せられた入園問い合わせ件数が増えたことから考えると、新しい自然保育園作り（亀岡型自然保育）は時代の要請に応えているものだと思われる。

⑶小学校

二〇一六年に亀岡市は「亀岡市学校規模適正化基本方針」を定め、青野小学校に関して次のように記述している。

- 児童数の推移…昭和五〇年代（一九七五年代）～平成の初め頃までは、ほぼ横ばいであったが、その後急減した。
- 学校配置の見直し必要性…「分からない」が最も多くなっているが、意見が分かれている。（「検討する必要がある」三四・五％、「検討する必要はない」二五・五％、「分からない」三八・二％、不明・無回答一・八％）
- 学校規模・配置に係る課題…各学年一学級であり、クラス替えができない。今後も児童数増加の見込みが小さく、複学級化は難しいと思われる。児童数が少なく、近い将来複式学級となる可能性が高くなっている。

・適正化の方向性…複式学級とならないように対応を進める。
・適正化方法の選択肢…青野小学校と他の二校を統合する。三小学校と育親中学校を統合し、小中一貫校として運営する。

基本方針策定後、亀岡市内の他の小学校では特徴を持った教育を行い学区範囲を越えて入学できる特認校ができたり、小中一貫校ができたりしているが、育親中学校区内では新たな動きはない。

若い子育て世代が移住してきて地域が活性化されるためには小学校の存続は有用であると思っている。一方、豊かな人格形成のためには、小学生時代に自然に親しみながら互いに認め合い、協力し合う経験が大切であると思われることから、農業体験授業や野山の間伐体験授業等を取り入れることも大切であると考える。人造空間の中で用意された答えや道具の使い方を覚えるのではなく、人の力の及ばない環境の中でどのような対処方法が一番良いのかを模索していく経験が重要だと思う。

またこれからは、自分の価値観と異なる環境や人に適応でき、国際的な感覚を身につける必要があると思うので、外国人講師による英会話授業若しくは英会話を使った遊びを取り入れること等も必要であると考える。

青野小学校は人数の少ない学校であるが、統廃合をする方向で考えるのではなく、先に述べたような特徴ある教育を行う特認校にして児童数増を図るように考えることが適切であると思う。

⑷子育て世代の移住

若い子育て世代が移住したくなるように、チョロギ村の「子どものための教室」や耕作放棄地の防止の取組、特徴ある保育園や小学校づくりを進めることに加えて、空き家の活用等移住者のための住居確保の取組も進めて行くことが大切であると考えている。

神前地区では最近の五年間に若い子育て世代が二家族移住して来ており、少しずつ成果が現れ始めている。

参考文献

・亀岡市教育委員会編『亀岡市学校規模適正化基本方針』二〇一六年

第3章

京都・久多で田舎暮らしを学ぶ

——山里での教育の可能性

久保田賢一

〔**概要**〕京都市左京区の山里である久多で暮らし、子どもや若者たちに田舎暮らしの面白さを伝えようとする、奥出さんの生活を紹介する。家族と共に過ごす時間を大切にしたいと考えた奥出さんは、久多に拠点を移して田舎暮らしをはじめた。都会での生活と比べ、収入は半減したが、自然と接する田舎暮らしは、学びが多く、ストレスも少ない。社会人、大学生や高校生むけに「いなか塾」を開き、農作業をしたり、野生動物を解体したり、薪割りをしたりして、田舎暮らしの良さを広げる活動を展開した。そして活動をさらに広げるために、岡山県A村に拠点を移し、子どもたちが山里での生活を満喫できるように、山村留学の準備を始めた。それは若者の雇用の場ともなり、中山間地域の活性化につなげる努力をした。しかし、教育委員会との調整がとれず、久多にもどって活動を再開した。

はじめに

「久多は京都市左京区にある。」こう説明すると、多くの人は古都の町家の風景を思い浮かべると思うが、その風景は古都というよりも奥深い山里である。山に囲まれた久多は、京都の中心地から北東に車で一時間半くらいかかる山里にある。

地理的には、福井県小浜と京都の中間くらいに位置し、江戸時代に若狭湾でとれたサバを行商人が京都まで運ぶサバ街道の中間地点となった。昔は、林業が中心の村だったが、海外から安い木材が輸入されるようになると林業は衰退し、人口減少に歯止めがきかなくなった。現在では、人口七〇人程度の過疎の山里である。

久多で奥出《おくで》一順《かずより》さんに最初に出会ったのは一〇年ほど前である。学生のフィールドワークの場所として限界集落を探していた時に見つけた「農家民宿おくで」に宿泊したのがきっかけであった。そこで民宿の経営者である奥出さんから、山里の課題や教育の可能性について学んだ。わたしは奥出さんの久多にかける思いに共感し、その後学生とともに久多に何度も足を運ぶようになった。この章では、奥出さんの生き方と活動から、田舎暮らしの教育力について考えていきたい。

1. 奥出さんとの出会い

わたしは海外の教育に関心があり、長期休暇に入るとよく学生たちと外国に出かけていた。一〇年ほど前にカンボジアの大学と交流をする話が持ち上がり、カンボジアのシェムリアップという町にある大学を学生とともに訪問し交流を始めた（写真18）。その時、日本から私たちが訪問するだけでなく、カンボジアの学生を日本に呼び、日本でも一緒に活動をしたいと考えた。日本での交流プログラムについて学生たちと検討した。そこで話題に上ったのが、高層ビルの立ち並ぶ大阪市内を見学し、先進国としての日本をアピールするだけではなく、日本もさまざまな課題を抱え、解決に向けて努力していることをカンボジアの学生と共有するのはどうかという提案がでた。話し合いの結果、日本の抱えている課題の一つとして「過疎化・高齢化」を取り上げ、実際に限界集落と呼ばれる地域を訪問してみようと計画を立て直すことになった。しかし山村の民宿では、多人数を受け入れてくれるところはなく、たまたま見つけた「農家民宿おくで」で、奥出さんに初めて出会うことになった。

写真 18　カンボジアの学生と「農家民宿おくで」を背景に（左端が奥出さん）

海外の学生との交流の場として、久多は非常によい環境を提供してくる。その後、ハワイの大学生との交流では、環境をテーマに「里山の自然」について学習した。日本人とアメリカ人を含め、総勢三〇人が「農家民宿おくで」のお世話になった。民宿には、五人程度しか宿泊できなかったので、近くの農家に分宿をして活動した。学生たちは、ハイキングしたり、罠にかかった鹿を解体したり、久多の自然や田舎生活について地域の高齢者から学んだりした。お米を作り、野菜を育て、鶏を飼い、犬を連れて猟に出かける奥出さんに学生たちは強く惹かれ、自然とともに生きる田舎生活はかっこいいと憧れるようになった。

2. 久多で暮らすまで

奥出さんが、久多で暮らすようになって二〇年ほどになるが、彼は元々久多の出身ではない。久多に住む前は、アメリカやイギリスで水産物の輸出入の仕事をしていた。そして長男の誕生を機に帰国し京都府宇治市に居を構え、京都市内のスーパーの鮮魚部門で仕事をするようになった。そこでの仕事は長時間労働であった。朝四時半に家を出て、帰宅するのが夜の八時過ぎになる。せっかく男の子が生まれたのに、子どもが起きているときに顔を合わすことができなかった。家族と一緒に過ごすことができないほど仕事に明け暮れる毎日にむなしさを感じるようになった。

そんな折、友人の紹介で久多を知り、畑をかりて週末に野菜作りをすることが唯一の楽しみになった。週末に久多を訪問するようになると地元の人がいろいろなことを教えてくれた。生活用具を使い捨てるのではなく、修理をしながら使い続ける姿勢は素晴らしいと思った。ものを大切にし、自然とともにつつましく暮らしている久多のお年寄りを見ると、とてもかっこよく見えた。

奥出さんは、ロンドンに暮らしていた頃から古いものを大切にする態度を育んできた。それは久多での生活につながる。イギリスで仕事をしていたとき、ロンドン近郊にあるアンティーク家具の工房の話を聞いたことがある。そこでは、一〇〇年前の家具を直してアンティークとして販売している。工房に置かれた箱の中には、釘の一本一本に使われたときの年代が書かれている。一〇〇年前の家具を修理するときには、一〇〇年前の釘を使うからだ。古いものを大切に使い、古いままで丁寧に修理し、使い続けることは素晴らしいと思った。

イギリス人は古いものを愛し、ものを大切にする。ロンドン名物の二階建てバスは、三〇万キロ、四〇万キロ走っているのでよく故障するので、修理をしながら使うことは当たり前。そのことは乗客もよく心得ている。車掌が「チェンジ・プリーズ」いうと、乗客は誰も文句を言わずに次のバスに乗り換える。奥出さんは、そういった古いものを大切にする心に惹かれる。

子どもの頃から京都に暮らしていたが、若いときは繁華街を徘徊するだけで、古都京都の美しさを理解できなかった。しかし、イギリスから帰国し、三条大橋の木造の欄干に触れたとき、変わらないということはすごいなと思える自分を発見した。

以前は、とにかく儲かればよい、新しくて便利なことを追求したいという思いを持っていたが、次第に自然に寄り添う生活に心が惹かれるようになり、自然とともにつつましく生きることの大切さを感じるようになった。

久多に畑を借りて、週末には畑仕事のために久多に通う生活を二年ほどしたときに、久多で古民家が売りに出され、週末に訪れる別荘にするつもりで購入した。しかし長年、放置された家はすぐに住める状態ではなかった。週末に畑仕事をしながら家の修復に時間をかけた。もちろん、自分の家を修復するのだから、それは心が癒やされる楽しいひとときでもあった。

３．久多での暮らし

⑴長男との関わり

当時、暮らしていた宇治市から久多まで、車で片道二時間くらいかかる。それでも久多で古民家を手に入れ、週末に畑仕事をし、家の修理をする生活は、奥出さんに心の安らぎを与えてくれた。それが久多に本格的に居を構え、そこで生活をしようと思うようになったのは、子どもとの関わりを回復したいと強く感じたからだ。

長男が幼稚園に通っているときに、お風呂に一緒に入るときがあった。ところがこの頃、子どもは奥出さんと一緒にお風呂に入るのを拒むようになっていた。当時は府営団地に住み、その浴槽は小さかったが、長男は奥出さんの体に触れないように隅の方にへばりつくように入るのでショックを受けた。

奥出さんは、朝四時半に家を出て職場に向かい、帰宅するのが夜八時過ぎになる毎日であった。たまに早く帰ったときに子どもとお風呂に入ろうとしても、子どもは彼のことを父親と認識できない。普段、子どもとほとんど顔を合わせることがなかったからだ。家族のためにと思って、朝早くから夜遅くまで働いたが、子どもにお風呂に入るときまで毛嫌いされたら、何のために働いているのか分からない。子どもと接する時間を増やそうと、配置転換を希望するか、転職しようかとも考えた。その時、久多に家を購入したことが脳裏に浮かび、子どもと一緒にいる時間を増やすならば、いっそのこと今の仕事を辞めて、生き方を変えようと思った。久多への移住を決めた瞬間である。

⑵山里での収入

仕事を辞めて久多に住むとなると、どうやって収入を得るかを考えなければならない。運良く京都市北区にある回転寿司の幹部から魚のバイヤーとして働かないかと声をかけられた。もちろん、朝から晩まで以前のように働いたら、辞める意味はない。そこで仕事は魚の買い付けで、朝の三時半から昼までの勤務という約束で引き受けた。収入は半減したが、農業をしながら家族四人で暮らしていくにはなんとかなるだろうと思った。

久多では、子どもと一緒に遊ぶ時間は十分にとることができた。子どもが学校から帰ると一緒に草野球をして過ごした。久多に移って一ヶ月もしないうちに長男が「汗かいたのでお父さん、一緒にお風呂に入ろう」と誘ってくれた。奥出さんにとって久多に移ってよかったと思えた瞬間であった。

山里の生活は満足のいくものであった。畑のまわりに鹿よけのネットを張っているので、時折、鹿がそのネットに角を絡ませて動けなくなったりする。その鹿を捕まえ、解体作業を子どもの前で見せることで、命の大切さを教えたりできた。田舎での生活は、何でもお金を払って手に入れる便利な都会での生活とは違う。食べるものは、自分で調達しなければならない。父親がどのように仕事をしているか子どもに見せることで、子どもは親が家族のために頑張っていることを理解できるようになる。

久多に来てよかったもう一つの点は、家族の持病が治癒したことである。妻の留美さんと二人の子どもはぜんそくを患っていた。加えて、アトピーもあった。ところが、久多で生活をするようになって一年もしないうちに、ぜんそくもアトピーもまったくなくなった。きれいな空気と谷水のおかげであろう。

仕事を辞めて久多に移り住んだことは、奥出さんにとって大きな成果であった。子どもと一緒にいる時間が増え、親子の関係はどんどん深まった。家族の持病も治り、畑仕事にも精を出すことができた。寿司屋のバイヤーの仕事を二年間続けた後、スクールバスの運転手を始めた。運転手になるために大型免許を取得した。久多に住む子どもの数が減り小学校が廃校になり、毎日子どもたちを学校まで送り迎えするのが仕事である。運転手の仕事は朝と午後に子どもを乗せて学校まで往復するだけある。ほかの時間は農作業や家の仕事に専念することができた。もちろん収入は多くないが、家族四人が暮らしていくことはできる。ほかにも、週末限定の蕎麦会席の店を開いたり、農家民宿をしたり、いろいろな仕事を掛け持ちながら、楽しく生活をしていくことができた。そんな折にわたしは、カンボジアの学生と一緒に奥出さんの民宿に宿泊したのである。

(3)山村生活におけるインターネットの活用

奥出さんはいろいろな活動を展開してきたが、前述のように順風満帆に物事が進んだわけではない。活動の当初はなかなかうまくいかないことが続いた。生業のひとつとして農家民宿を始めたが、直ぐに客が来るわけではない。はじめは問合せもまったくなかった。半年後くらいに、やっとスペイン人が最初の宿泊客として訪問してくれた。その彼が、帰国後ウェブにコメントを書いてくれた。それは、単に「よかった」とか「楽しかった」と言うだけでなく、久多での体験を詳細に書いてくれた。それが呼び水となり、宿泊客が増えてきた。帰国後もウェブページを見て、春に来た客が今度は秋の紅葉を見てみたいとリピーターになったりする。

ある時、オランダから夫婦が宿泊にきた。滞在中に蕎麦打ちの体験をした時、妻の方が蕎麦打ちにとても関心を示した。その様子を見た奥出さんは、これはプロの料理人ではないかと思った。その妻は、予想通りオランダでは有名なシェフで、帰国後、彼女は久多での体験をインスタグラムにアップした。彼女の何十万人というフォロワーが農家民宿の記事にタグづけしたので、一日に一〇〇人単位で問合せや予約が入ってきたりしたこともあった。

個人情報を発信できるインターネットは、うまく活用すると強力な武器になる。最初は、ブログで発信していたが、次第にフェイスブックやインスタグラムに軸足が移った(写真19)。しかし、山村でのネット接続は問題もある。ひとつは、ネット回線が細いことだ。文章だけでなく、写真をアップするようになると回線の細さが障害となり、アップロードできなくなることもあった。もうひとつは、停電である。都市部と比べ山村では、台風などで木が倒れ電線が切られたりすると長期間停電になったりする。停電が一週間も続いた

奥出 一順
9月16日 9:27
ーかまどご飯ー
どんなに優秀な炊飯器でも、
これだけ食欲をそそるおこげは作れまい。... もっと見る
藤岡 篤司、Shiori Ueda、他91人
コメント3件
いいね！
コメント
シェア
うっわぁ〜〜〜！！食べたい！！！
いいね！ · 返信する · 2週間前
1
奥出 一順
昨夜は、囲炉裏端で「焼きおにぎり」にしてお客様に提供しました。おかゆにしても美味しかったです。おこげ、最強
いいね！ · 返信する · 2週間前
2

写真 19　SNS による発信

こともあった。そういうときに予約客とインターネットで連絡を取るために、久多から毎日四〇分かけて町まで出かけたりする。

そういう問題はあるが、ネットに繋ぎ、情報を発信することは、田舎暮らしを継続させるためにはなくてはならない手段である。最初はブログに文章を書くことからはじめ、次に写真を、そして動画をアップするようになった。動画は臨場感があり、大きなインパクトを与えることができる。またフェスブックに翻訳機能が付き、日本語で書いたコメントを、それぞれの国の言葉に翻訳してくれるので、海外からのリプライも増えてきた。

今後、ネット回線が広がり5G（第五世代移動通信システム）が使えるようになるとリモートワークの可能性が広がる。山村に長期に滞在し、山村での生活を楽しむという生活スタイルも夢ではない。「ワーケーション」とは、「ワーク（work）」と「バケーション（vacation）」を組み合わせた造語で、コロナ禍の中日本でも広まりつつある。インターネットの活用は、山村での新しい生活様式を方向づける可能性を持っている。

4．山里の教育的価値

(1)次男との関わり

奥出さんの久多での生活も次第に軌道に乗ってきた。子どもたちも大きくなり、中学、高校へと通う年齢になった。しかし、久多には高校がないために、子どもたちは滋賀県の高校に通うことになった。長男は、勉強もスポーツもそれなりにこなす力を持っていたが、次男は勉強もスポーツも思わしくなく、加えていたずらなどをするので学校からよく保護者呼び出しを受けたりした。担任教師は、真摯に対応をしてくれ、次男にカウンセリングを受けるように勧めてくれた。カウンセリングの結果、次男に学習障害があることが分かった。

奥出さん自身、父親からスパルタ教育を受けていたために、そもそも勉強ができない、スポーツができないのは、努力がたりないからだと思っていた。そして子どもに障害があるという診断は親として受け入れがたいものでもあった。長男はしっかりできるのに、なぜ次男はちゃんとできないのかと、次男を叱りつけたりした。

担任教師はよく相談にのってくれた。彼自身、学習障害のある弟がいたので対応の仕方をよく知っていた。その教師は、子どもの頃、弟が近所の子どもたちからいじめを受け、つらい思いをした経験があったので、次男に適切なアドバイスをしてくれた。「頑張れとまわりから励まされても頑張れないつらさというものをお父さんは理解してほしい」と教師からと言われ、これまで努力がたりないと子どもを叱っていたことがかえって、次男を追い込んでしまったこと知った。

奥出さんは次男への対応をこれまでと一八〇度変え、次男に寄り添うように接することにした。毎日、一緒に食事の準備をするようにし、苦手なことを乗り越え、生活する上で必要なスキルをしっかりと身につけさせる方向に切り替えた。以前は、次男に何かやらせて失敗すると「何で、こんなことができないのだ」と叱ったり、一緒に食事を作るのは面倒だからとテレビでも見させておけばよいと考えたりしていた。そういう対応から、じっくりと本人にやらせてみるようにした。包丁を持たせて、しっかりと包丁を使えるようになるまで、失敗しても何度でも繰り返した。これは奥出さん自身にとっても、新しい学びとなった。そして次第に、次男の活動を温かく見守ることができるようになってきた。

そんな折、奥出さんは通信制高校から、高校生を引き受けてほしいという相談を受けた。これまで、社会人を対象とした「田舎暮らし塾」や大学生を対象にした「村留学」というプログラムのなかで、田舎暮らしの面白さを、身をもって体験してもらう実践を行ってきた。高校生を引き受けるのは初めての体験であるが、次男との出来事があってから同じような状況にいる子どもたちに、久多での生活が役に立てばと二つ返事で受け入れを了承した。

田舎暮らしは何をするのも時間がかかる。火をおこすには、薪割りをしなければならない。畑から野菜をとってきたら、泥を落とし、水できれいに洗わないと料理ができない。出かけるにも歩いて行かなければならない。山菜を山に採りに行ったり、罠にかかった鹿を解体したりする。大豆から味噌を作る、栃の実から餅を作る、お米からどぶろくを作る。こういうことをひとつずつこなすことで、田舎暮らしが成り立つわけだ。食べるためには時間をかけて、いろいろなことをこなしていかなければならない。「田舎暮らし塾」や「村留学」ではこういった生きていく活動を参加者がひとつずつこなしていくことが中心となる。自分たちが汗をかいて作ることは、どんなことでも時間がかかるが、自分で作ったものを食べるのは思いのほか美味しい。

⑵通信制高校の生徒の受け入れ

通信制で学ぶ高校生は、通学制の生徒と比べるとさまざまな問題を抱えている。たとえば、家庭内の不和や学習障害、いじめなどで引きこもったり、不登校になってしまったりして、通学制の高校に通うことが困難になったりする。とくに人との関係をうまくとることができず、コミュニケーションに問題があったりする生徒がいる。

奥出さんは以前、「村留学」という大学生が田舎暮らしを学ぶプログラムを実施したことがあったので、最初は「村留学」と同じようなやり方で高校生を受け入れた。しかし、高校生は大学生と同じようにはできないことを実感した。大学生を受け入れていたときは、グループ分けをして、課題を与えて、村のさまざまな場所に派遣して活動をさせた。しかし、高校生は自分から考えて行動することができない。グループに分けて課題を与えても、誰かがそばで指示をしなければ、自立的に活動することができないのだ。高校生を相手にするには、奥出夫婦二人だけでは、手が回らない。

高校生の活動は、まず基本的な生活習慣をしっかりとすることである。決まった時間に起きて、食事をする。まずこれができない。集団生活を通して、生活していく上での約束事をきちんとこなすことから始めなければならない。そして、近くの山にハイキングに出かけたり、山菜を採りに行ったり、畑で野菜を収穫したり、田植えをしたり（**写真20**）、薪割りをしたりする。田舎暮らしでは、食べるための作業をしっかりとこなしていかなければならない。高校生は、そういう自律的な活動が十分にできていないので、まわりのサポートをしっかりとする必要がある。

そこでこれまで何度か久多を訪問してくれた人たちに、ボランティアとして高校生の対応を依頼した。ボランティアには、大学生だけでなく、教師や子育てを経験した人たちが参加してくれ、高校生たちに親身に接してくれた。なかには、自分の仕事を休んでまでも参加してくれる人もいた。参加した高校生は、対人関係の構築が苦手で、自己表現が不器用だが、ボランティアと一緒に活動することを通して、次第に心を開き積極的に動くようになっていった。

四泊五日の「いなか塾」プログラムが終わる頃には、高校生の態度や行動が大きく変化していくのがはっきりと見える。久多での活動について高校生の感想を次に示す。

・今までは人とコミュニケーションをとることに苦手意識がありましたが、共同生活をすることで、お互いの声の掛け合いやなんてことのない雑談をすることがとても楽しく感じることができ、そういった人と人との関わりが生きていくうえで本当に大事だと改めて実感できました。
・普段から学校で話しているメンバーや初めて話す人、そして奥出さんたちと何の隔たりもなく一緒に作業をしたり、みんなで食卓を囲んでいる時間がまるで大家族になったような感じ。
・いなか塾から帰ってきてから、家で食べるご飯をいつも作ってくれる母親に言葉にならないほどの感謝の気持ちを感じた。
・一人でできないことをみんなでやるからこそ、ありがとう、ごめんが自然に出てくる。息するみたいにありがとうって言ってた。
・今回のいなか塾で得た自然の知識を教えたいと思い、そのために学校の先生になりたいと思った。
・猪を解体して、お肉というよりひとつの生命としてとらえることができた。普通の学校生活を送って、大人になるだけでは気づけないこと。それをいなか塾では学べた。

高校生をはじめ、外部からいろいろな人が久多を訪問し、活動することは久多の人たちにもメリットがある。久多で暮らしている人たちは久多を魅力のない所だと過小評価している。「ここには何もよいところがないからみんな村を出て行ってしまう。どうせ息子も娘もここには戻ってこない。わたしたちが土に帰ったら、この家を守ってくれる人は誰もいなくなる。」とネガティブに考えてしまう。

大学生や高校生が奥出さんのところにくると、いつも地域の人たちと交流する。彼らにとっては、田舎暮らしのすべてが新鮮に映る。お年寄りの語る昔話、手作りの味噌や漬物、畑からとってきた新鮮な野菜。すべてが面白く感動する。そういう大学生や高校生の反応を見て、久多の山里に魅力を感じていない地元の人たちも、自分たちの暮らしぶりを見直し、まんざらでもないと自信を持っていくようになる。

山間部の過疎地域には誇れるものが何もないと思っていた久多の人たちにとって、若い人たちとの交流は、自分たちの生活の豊かさを再確認する機会となる。訪問者にとっても、自然とともに暮らす久多の人たちから多くのことを学ぶことができる。山里での交流は、教育活動としての有効性を十分に発揮できるのである。

写真20　高校生の田植え作業

5．山里での教育を広げる

(1)久多での活動の課題

蕎麦会席の店、農家民宿、社会人向け田舎暮らし講座、大学生向け村留学、高校生向けいなか塾など、久多で奥出さんは、さまざまな活動をしてきた。都会に住む人たちが、田舎暮らしを体験し、自分の生活を見直していくことは、持続可能な生活とは何かに目を向けるよい機会だ。田舎暮らしに魅力を感じ、外国からの訪問客も多く奥出さんの民宿に宿泊するようになり、リピーターも出てきた。奥出さんの活動は、新聞やテレビでも取り上げられ、社会からも注目を集めるようになった。

村留学を体験した学生のなかからも田舎暮らしをしたいと久多に移住する若者も出てきた。奥出さんのもとで、田舎暮らしをマスターしたいとインターンとして長期に滞在する若者もいる。奥出さん自身も、自分が山里で暮らすだけでなく、山里の魅力を若い人たちにも知ってもらい、もっと多くの若者が山里で暮らせるようになると、過疎地域が活性化すると考えている。そのためには仕事を作り、暮らしていけるだけの収入を得る手立てを作らないといけない。

山里での自立した生活をより多くのひとたちに体験してほしい。そのためには安定し、広がりのある活動を展開したい。奥出さんはそう考え、会社を立ち上げ本格的な取組をしなければならないと決心した。多くの人たちに本物の田舎生活を味わってもらいたいと社名は「ほんまもん」と決めた。京都市からは「どぶろく特区」の認定をもらい、自分の田んぼで作った米から「久多日和」というどぶろくを作り販売した。そして、より多くの人を受け入れる体制を作るために、近隣の住民にも民泊を引き受けてもらうように協力をお願いした。

二〇一九年の夏には、日米の大学の交流の場として三〇人の学生を受け入れ、環境学習の教育プログラムを実施した（**写真21**）。これまでも数回、同様のプログラムを実施してきた。学生は久多の村落内の別の民宿に分かれて宿泊するため、地元の人にとっては、現金収入が入るだけでなく、参加者と交流したり、若い人たちに田舎暮らしを喜んでもらえたりすることが楽しみでもあった。ところが、この年は異常に暑い夏だったため、分宿をお願いした高齢者が、農作業中に熱中症にかかり数人が入院することになった。幸い、学生たちが訪問する前に退院でき、なんとか受け入れてもらえた。

しかし、このような不安定な受け入れ状況では、継続的に活動を広げていくことは困難である。久多ではどんどん高齢化が進み、今後はこれまでのように近隣

写真21　アメリカの大学生と合同で行う環境学習

の人たちからの助けを当てにできなくなる。一方、自前の宿泊施設を持とうと思っても、借りることができる空き家はないし、古民家も売りに出されることはない。七〇人しかいない久多の人口はこれからも年々減少していくことは明らかである。若い人たちに活躍してもらう場を作らないと、山里での田舎暮らしを子どもたちに学んでもらうことができなくなる。

奥出さんは山里での教育活動の大切さを実感している。多くの人たちに田舎暮らしの良さを学んでほしい、そして若者たちがこの活動に携わり、山里で生活することができるようにしたいという思いは一層強くなってきた。次世代の若者がこの活動を引き継ぎ、山里で生活できるようにするには、久多だけにこだわる必要はないのではないかと思い始めた。日本の国土の七割は山である。この地域の人口はこれからも減り続けることは明らかである。若者がそれなりの収入を得ることができ、自然とともに暮らしていくことができる山里を探してみようと思い、移住者を受け入れてくれる所を探し始めた。

⑵岡山県A村での活動へ

岡山県A村は、県境にある人口約一五〇〇人の山村である。A村役場は、地域の活性化を図るために積極的に移住者を受け入れている。総務省の「地域おこし協力隊」という制度を利用し、起業したいという人を受け入れ、その活動を支援している。奥出さんは、これに応募して採択された。定住政策として実施している制度だが、この村では「定住しなくて、いいんです。」というキャッチコピーで、この村で起業にチャレンジしたいという人たちを引きつけている。これまでも、草木染めをする人、鹿革で小物を作る人など、起業する人を後押ししてきた。村は積極的に外部者を受け入れ、チャレンジできる環境を整えようとしている。奥出さんは、この制度に応募し、高校生や社会人に対する教育・研修のプログラムを実施したいと発表し、A村の活性化に関わる人たちから賛同をもらうことができた。

A村では、これまで放置されてきた古民家を借りることができ、改修をしてもらった。この古民家では、久多にいたときよりも多くの人を同時に受け入れることができる。定期的に通信高校の生徒を受け入れるのに加え、大学生や社会人など参加する人たちのニーズにあわせた研修も検討している。村のまわりには豊かな自然がある。森に囲まれているので、人工林や自然林から学ぶことはたくさんある。近くには温泉施設もあり、田舎暮らしについて学び、温泉でリラックスしたりすることもできる。

A村での主要な活動計画は山村留学である。A村では、森林と共生しエネルギーの自給率一〇〇％、雇用の確保ができる「上質な田舎」を目指している。この方針の下、全国からこの村で学びたいという小中学生に学びの場を提供すれば、若者にも雇用の場も提供することができる。村役場からは、子どもたちが宿泊できる古民家を無償で借りることができ、必要な改修も済ませた。地域おこし協力隊として山村留学の活動に参加してもらう人も確保できた。

二〇二二年度からの山村留学の開始に向けて、前年の夏には山村留学の体験をするイベントを開催した。コロナ禍ではあったが、子どもだけで参加する合宿、親子向けの体験などを実施し、多くの参加者から共感を得ることができた。体験合宿では、ハイキングや川遊び、森林の下草刈り、薪割りなど都会ではできない活動を盛り込み、田舎生活の楽しさを実感してもらった。奥出さんは、A村での新しい出発に夢を膨らませていた。

ところが、山村留学に向けてほぼ準備が整ったにも拘わらず、結果としてA村から撤退することになってしまった。山村留学を希望する子どもは多様な背景を抱えている。学習障害があったり、引きこもったりする子どももいる。奥出さんは、どんな子どもでも山里で暮らすことで「生きる力」を吹き返し、生き生きと生きることが出来ると確信している。時間や手間はかかるがそういった子どもたちに寄り添うことこそが、子どもたちの「生きる力」を育てることになるとこれまでの経験から感じてきた。しかし、村の教育委員会の方針との食い違いが明確になってきた。教育委員会は、子どもたちが外部から村に留学することは歓迎するが、学校の負担になるような手間のかかる子どもは編入しては困ると主張する。それでは、どんな子どもも山里で暮らすことによって、「生きる力」を取り戻すことが出来ると言う奥出さんの信念とぶつかってしまう。結局、二〇二二年度の山村留学は実施することになったが、それは別の人が担当することになり、奥出さんはまた久多に戻ることになった。

もちろんA村での活動からは撤退したが、奥出さんの山里での教育への取組は終わらない。自然を相手に生活をしていると、いろいろなことが起きる。予期しない出来事に遭遇することは日常である。台風、水害、山崩れなど。そういう出来事にも淡々と対応できる力が育ってくる。今回の経験も想定外の結果で終わったが、この経験はまた別のところで生かすことができる。そんな思いで奥出さんはA村を後にした。

6．山里で学ぶことの意味

現代社会に生きているわたしたちは、物質的には豊かになったけれど、どこかに不安を抱えながら生活している。とくに二〇二〇年からの三年間は、これまで考えたこともなかった生活を強いられるようになった。新型コロナウイルスの影響は、世界中に広がり、学校は休校になり子どもたちは家庭で過ごすことを強いられてきた。おとなも在宅で仕事をしなければならない。これまで自由にいろいろな人と関わり暮らしてきたが、「新しい日常」においては、人と人とが密接になることを避け、互いに接触を少なくする生活をしなければならなくなった。とくにダメージを受けたのが、飲食業や宿泊業であり、多くの企業が倒産し、従来のやり方では経済がうまく回らなくなった。

一方、山里での生活は、コロナ禍の影響をあまり受けずに暮らすことができる。まず、三密になる心配はない。屋外での仕事は自然が相手である。春になれば雪が溶け、花が咲き、作物が実るようになる。自然のなかでの暮らしは、コロナ禍の前とあまり変わっていない。梅雨に入ればいつも通りに田植えをし、秋になればお米を収穫する。自然とともに生きる暮らしは、何百年も変わらない日常である。人間が人間である限り、この暮らしの基本は変わらない。こういう田舎暮らしの活動を継続していくことを、奥出さんは考えている。

奥出さんは山里での生活から、わたしたちが見直さなければならないものをたくさん発見できると考えている。それを子どもたちや若い人たちに学んでほしいし、山里での体験が何らかの考えるきっかけとなるのではないかと思っている。山里での生活は、自分の手で自分の暮らしを作っていかなければならない。それができれば、社会にどんなことが起きても、どんな時代になろうと、自分らしく胸を張って暮らしていくことができる。

山里の教育力は大きい。都会ではコンビニに行けば何でも手に入るが、山里では自分が生活するためには、自分で何でも出来ないと誰もやってくれない。そこに若い人たちは魅力を感じる。食べるということ、呼吸をするということは、都会にいると素通りしてしまうが、山里ではその一つひとつをとらえ直し、じっくり考える時間がある。自然の恵みに感謝する生活を反芻しながら暮らしていくことが、生きる充実感を与えてくれる。

参考文献

・久多木の実会編『京都・久多《くた》―女性がつづる山里の暮らし』ナカニシヤ出版、一九九三年

第4章

地方の疲弊と過疎地教育の今後の在り方

上田　学

〔**概要**〕現在までこの国の人口は減少し続け、少子高齢化が着実に進行してきている。それによって社会の様々な分野で深刻な事態が拡大してきている。都市への人口流入により都会地が膨張していく一方で、地方の疲弊、とりわけ山間部の人口減により村落そのものが消滅してきている。他方では全国的な子どもの減少も見過ごすことができない。全国の小中学校は全体的に数を減らす中で、とくに山間部においては学校数の激減は顕著である。へき地校の閉鎖には、少人数教育が非効率であるという財政的な観点がみられる。つまり山村・へき地の学校に対する否定的な見方が学校の統廃合を推進してきたといえる。

人口の都市への流入傾向は日本の経済成長とともに顕著になってきたが、近年のコロナ禍によって見直しをする傾向も出てきた。自然豊かななかで、ゆったりとした生活を願望する人々の数も徐々に増え始めてきた。このような傾向を助長させ廃れ行く山村の再生をはかるために幾多の政策や配慮が必要であるが、同時にその地における学校教育の振興も図られなければならない。山村へき地学校に対する否定的な見方を転換させ、都会の学校とは違った「自然環境に恵まれた学校生活」「少人数教育」「豊かな人間関係」を育成させる魅力的な場であるという発想が必要であろう。

巨大な首都圏をはじめとする大都市から地方への移住をすすめることにより、疲弊する地方の再生を軌道に乗せ、同時に教育の在り方が再建されることが求められる。

はじめに

日本の人口は二〇〇八（平成二〇）年に減少に転じ、その傾向は現在にいたるまで継続している。今後大きな社会的変動がなければ、二〇五〇年代には総人口が一億人を下回るであろうと予測されている[1]。この全国的な人口減は一律に進行しているわけではなく、都道府県ごとに大きな差がみられる。全般的な減少傾向のなかで、特に大きく減少しているところが多い反面、限られた地域ではあるものの逆に人口が増加しているところもあり、両極化が進行している。これに加えて、同じ都道府県内であっても山間部や離島などでは顕著な人口の減少が進んでいるのにたいし、都道府県の中心都市などではそれほどの変化が見られないなどの不均等な現象がみられる。

このような社会の基盤そのものが大きく変容していくなかで、人々の暮らしにいかなる変化をもたらしてきたのか、あるいはこれにどのように対処していくことが求められているのであろうか。また社会構造の変化が教育にいかなる影響をおよぼし、今後どのように対処していけばよりよき教育が提供できるのであろうか。それらのために必要と考えられる素材を提供しながら、検討を進めていきたい。

1.「少子高齢化」の進行

総人口に占める高齢者（六五歳以上）の割合は一九八九（平成元）年には一一・六％であったが、現在では二八・一%となっており、社会の高齢化は確実に進行している。他方、一五歳未満の層は同じ年には一八・八%であったが、現在では一二・二%にまで低下しており、少子化も同時に進んでいることがわかる。

全国的な人口減少が続いていくなかで、特に高齢者の占める割合が大きくなってきている反面、若年層の比率が少なくなってきているが、このような動向は一部の大都市への人口の集中と地方の過疎化のなかで、一層顕著なものとなっている。**図1**は一九七〇（昭和四五）年から現在までの間に、全国の市町村のなかで過疎地域がどれくらい存在しているかを示したものである。[2] 過疎地を含む市町村数はこの五〇年余の間に僅かに増加しているが、全国の市町村数そのものが合併などにより半減しているため、過疎地を含む市町村の割合をみると、二三・二%から四七・五%にまで増加しており、過疎化が全国的に急速に進んできたことがわかる。

では過疎化が進行していくなかで、過疎地域の人口構成はどのように変化してきたのであろうか。**図2**は過疎地における一九六〇（昭和三五）年から二〇一五（平成二七）年までの年齢階層別推移を示したものである。[3]

一九六〇（昭和三五）年の段階で六五歳以上の人口に占める割合は六・

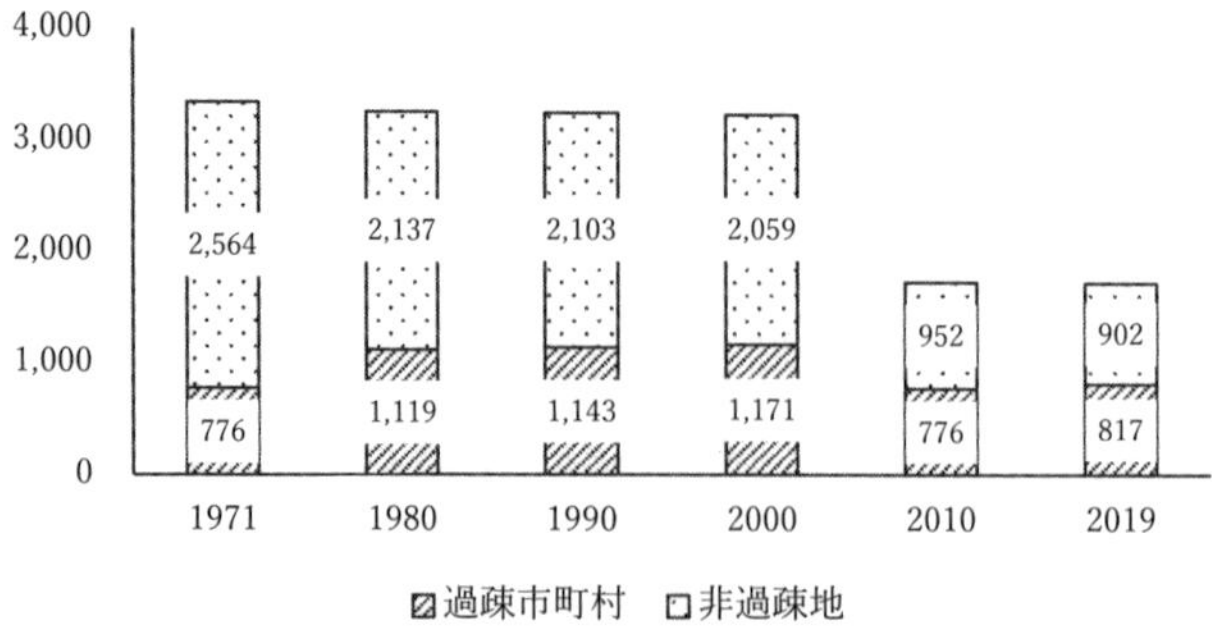

図1　全国の市町村に占める過疎地域数

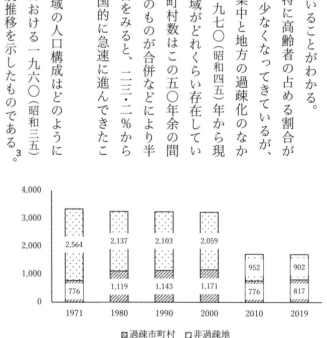

七％であったが、その後は徐々に増加していき、近年では三六・六％（全国統計では二八・一％）にまでなっている。高齢者が多数を占める過疎地域では、共同体としての機能を維持するのが限界に近づいているという指摘は当を得たものといえる。[4] 他方、〇歳から一四歳までの若年層の割合は三四・八％から一〇・六％（全国統計では一二・二％）にまで急減している。これらのことから過疎地では、全国的な動きを上回る勢いで少子高齢化が進んでいることが確認できよう。

2．少子化が教育に及ぼす影響

(1)全国の子ども数・学校数と京都府の場合

全国的な少子化現象は学校数に大きな変化を及ぼしている。図３からわかるように子どもの数の激減により小学校数は一九六〇年から二〇二〇年までの間に約七二・七％に、中学校は七八・一％までその数を減らしている。[5] 特に秋田県（三七・六％）をはじめ、一〇県が四〇％台まで減少している。しかしその反面、神奈川（一九五・八％）を筆頭に大阪（一六五・一％）、埼玉（一六三・八％）、東京（一四二・〇％）など八都府県

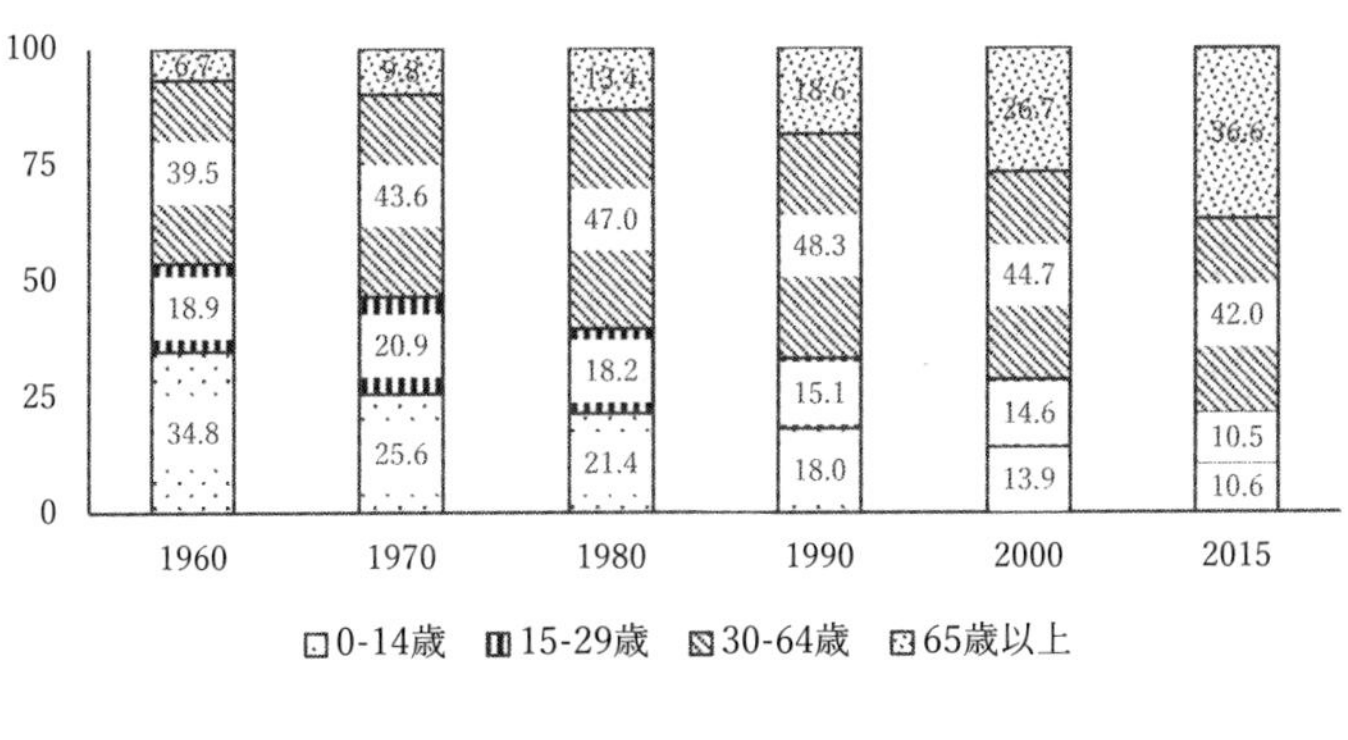

図２　過疎地域の年齢別人口比の推移

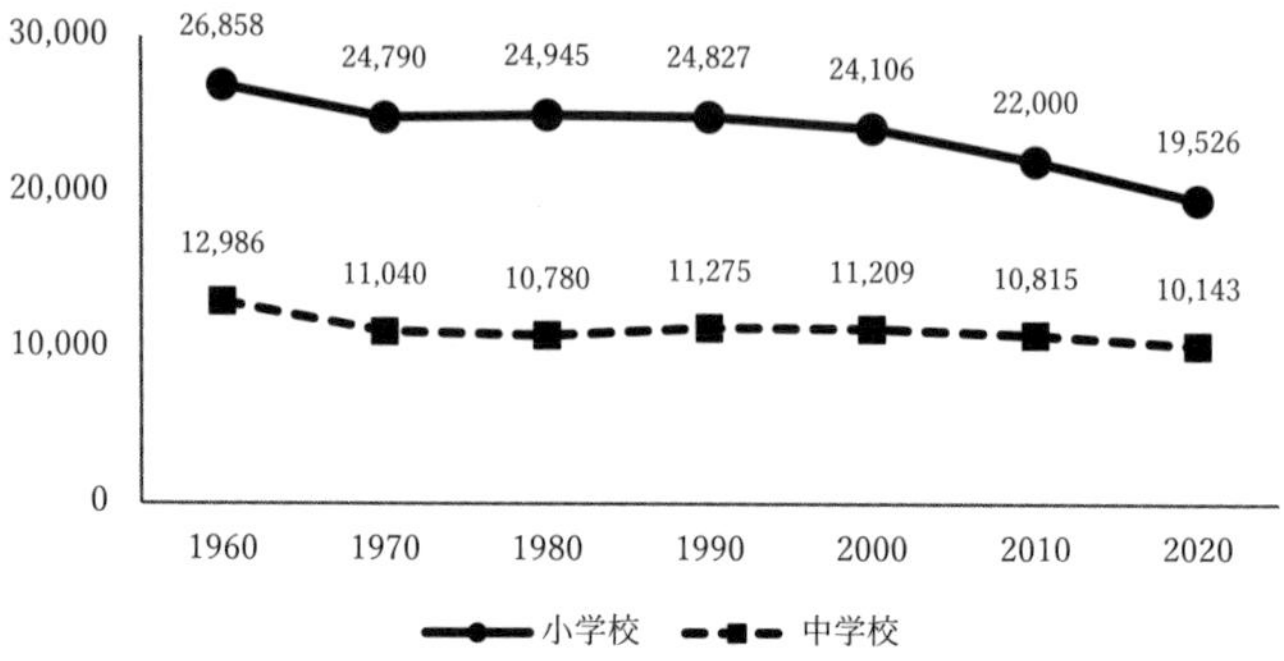

図３　全国の市町村に占める過疎地域数

で一〇〇%を超えるなど、都道府県間に大きな差異がみられる。

このような傾向は、個々の都道府県内ではどのようになっているのであろうか。児童数の変化とそれに連動する学校数の推移を京都府内に限ってみたのが次の**図４**である。[6] 京都府を事例として取り上げるのは、全国の児童数の減少率(五五・八%)に近い数値(約五四%)を示していたからである。まず子どもの数に着目すると、京都府全体が減少傾向にある中で、山城地区が一六四%と増加が目立っている。[7] これにたいして京都市内をはじめ中丹、丹後にあってはかなりの減少傾向がみられ、特に中丹、丹後などの北部地区では事態は極めて深刻である。学校数については山城地区が突出して増加しているのにたいし、中丹、丹後地区では子どもの数の減少に連動してその数を減らしている。京都府内のおいても、地域間の不均衡が顕著であることは明白である。

急速に進行する少子化現象は、子どもたちの成長に不可欠な教育にも多大な影響を及ぼしている。学校での学習活動をはじめ、学校行事やその他の課外活動にあっても従来のような方法で対処することが難しくなってきている。

このような事態のなかで、教育の進め方の工夫や、学校運営のあり方

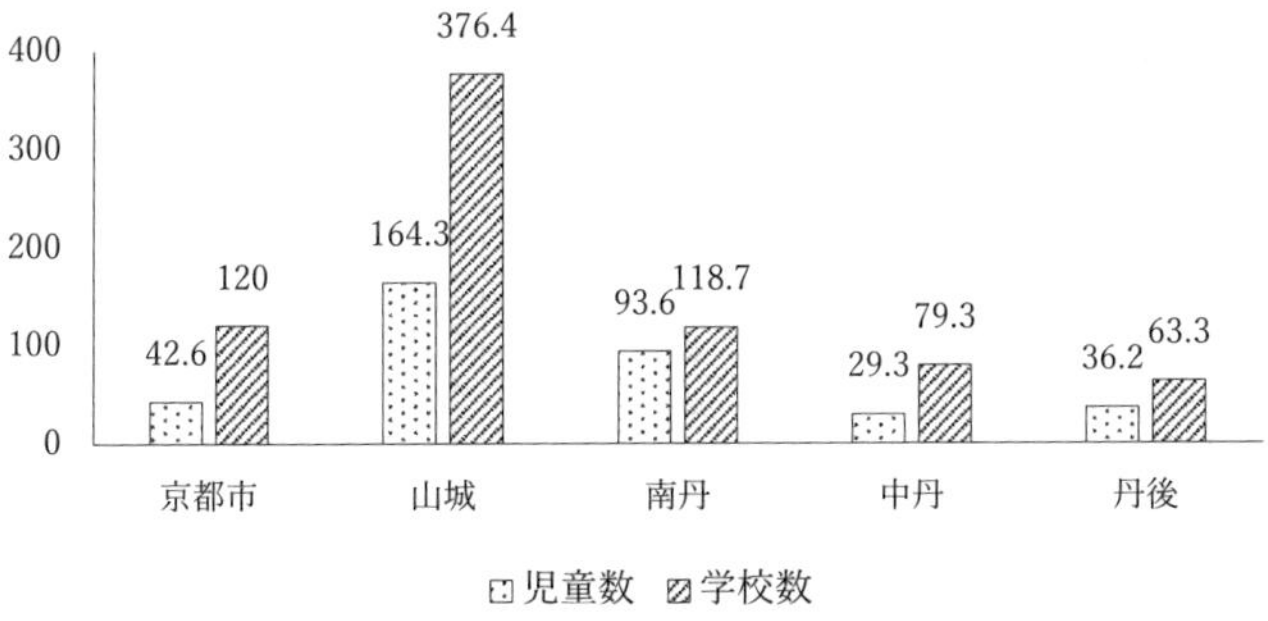

図4　京都府下の児童数・小学校数の増減率

を再検討する必要に迫られていると同時に、大規模に進行する人口の減少傾向と地方の衰退という現実にいかに対処し、克服していくのかという根本的な問題も考えていくことが求められている。具体的には地域の人口減が深刻さを増してきており、それは特に過疎で苦悩する地方に顕著にあらわれている。「地域消滅」の危機が子どもたちの教育や学校生活、さらにいえば生活基盤そのものを脅かしているといえる。とくに子どもの数の減少は将来の社会構成だけでなく、生産、流通、消費などの経済活動のみならず、多方面にわたる産業の発展に支障をきたすと同時に、医療や福祉に加えて教育、文化など広範囲にわたって多大な影響を及ぼすことは容易に想像できる。人々の生活の場が苦境に立たされているという現状は、早期に解決されるべき深刻な問題であるといえよう。

(2)「へき地教育」と学校統廃合

人口の偏在傾向は近年急に発生したものではなく、かなり以前からもみられていた。特に交通の便や自然的条件に恵まれない山間地や離島などでは子どもの数が少なく、またそれを反映して学校規模も小さいという傾向にあった。このような地域に住む子どもたちの教育を受ける権利

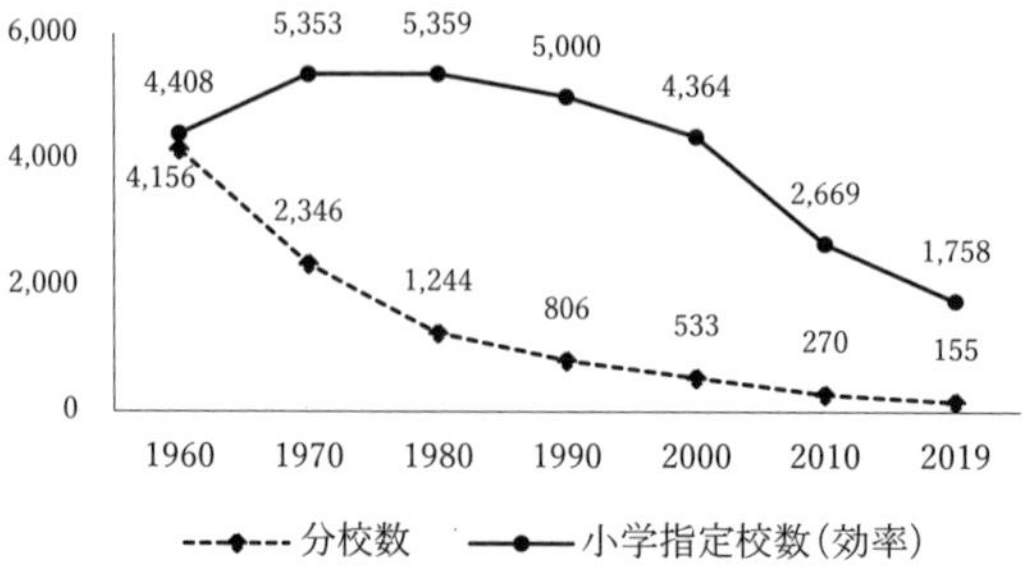

図5　分校数と「へき地」指定校数の推移

が損なわれることのないように、学校が設置されなければならないのは当然であるが、現実的には小規模学級や複式学級などが編成され、また学校の施設、設備面の不備や教員の確保に困難をきたしていた。また学校の規模から分校形式となっていたところも数多くみられた。このような「へき地」の学校のもつマイナス面を克服し、その教育水準を一定に保つために「へき地教育振興法」（一九五四（昭和二九）年）が制定されたのである[8]。

図5はこの「振興法」で規定された分校および「へき地」校指定を受けた学校数の現在までの推移を示したものである[9]。この法の制定直後には指定校数がやや増加したものの、特にこの三〇年余の間に急速にその数を減らしてきたことがわかる。しかしこれは「過疎」そのものが解消されたのではなく、分校数が急速に減少していることに加えて少子化にともなう学校の統廃合が進んでいった結果であることはいうまでもない。

またこれとは別に、先に見たように、全国的な少子化によって学校そのものの小規模化がすすみ、過疎地だけでなく都心部においてもこれにどう対処すべきかという問題が発生してきている。

このような状況を反映して、文科省は「公立小中学校の適正規模、適正配置等に関する手引きの策定について（通知）」（二〇一五（平成二七）年）を作成している[10]。この通知は「近年、家庭及び地域社会における子供の社会性育成機能の低下や少子化の進展が中長期的に継続することが見込まれること等を背景として、学校の小規模化に伴う教育上の諸課題がこれまで以上に顕在化することが懸念され」るという観点から、「学校統合の適否又は小規模校を存置する場合の充実策等を検討」することをそのねらいとしている。ここからわかるように、過疎地域だけでなく都心部において子どもの数が減少する中、学校の統廃合を進める際に検討されるべき課題等を提示することによって、問題解決に役立てようとするものであり、学校の統廃合をめぐる問題が全国的に広がっていることを示している。

とりわけ山間、過疎地域における統廃合は在籍する児童、生徒数が激減していくなかで、ある意味で避けられない事態であるとはいえ、財政的な観点を優先させた統廃合は、慎重を期さなければならない。子どもの学力を保証しつつ、居住地域に隣接した学校で教育を受ける機会が確保されるための努力が最大限必要であろう。またいったん廃校が決まると、当該地区の象徴的な存在が消えていくことになり、教育サービスの不便さを理由に子どもを持つ比較的若い世代家族の転出に拍車がかかると考えられるからである。その結果、地域社会がますます高齢化していくのであり、その意味で廃校は地域の衰退を促進させることにつながるといっても過言ではない。

3. 政府の過疎対策

進行していく過疎化を前に、国は事態の改善を図るべく一定の対策を講じてきた[11]。一九七〇(昭和四五)年には「過疎地域対策緊急措置法」が制定され、過疎地を対象とする総合的施策が提示されていた。そこでは、1. 道路その他の交通施設、通信施設等の整備、2. 学校、診療所、老人福祉施設、集会施設等の教育、厚生及び文化に関する施設の整備並びに医療の確保、3. 農道、林道、漁港等の産業基盤施設の整備、農林漁業経営の近代化、企業の導入の促進、観光の開発等を図ることにより、産業を振興し、あわせて安定的な雇用を増大することなどが提案されていた。これらの施策はその後に立法化された法律においても継承されてきている。とくに道路や通信施設の整備、高齢者福祉施設などの整備などは一定の成果を上げてきているものの、特に産業の振興による安定的な雇用の提供という生活基盤の根幹にかかわる部分においては、十分な成果が見られない。これは現在にいたるまでの五〇年余のなかで、過疎化の進行に歯止めがかかっていないことをみれば明らかであろう。

これまでみてきたように、政府は過疎の進行を抑制するための施策を実施してきた。しかし過疎の振興を鈍化させ、当該地区の人口減を抑えるためには何が必要か。それはその地における就労機会が提供され、安定した生活基盤が確保されることである。他方では若者の都市志向の背景として、全国的な広がりをみせる高等教育への進学が普遍化している。すでに高校への進学が義務教育なみに一般化してきた状況のなかで、大学等への進学を望むとすれば、都市を目指すことは避けられない。首都圏をはじめとする大都市圏に大学が集中している現状からすれば、高校を卒業して大都市に向かって人の移動が促進されるのは自然の成り行きであろう。半面、大学への進学を希望しない場合であったとしても、それまで生活してきた地域で希望する就職先を見つけることはそう容易なことではない。そのため非進学者もまた都市にその関心を寄せざるを得ない状況が一般化しているのである。大学に進学した者が郷里に帰って就職という選択肢を考えた場合であっても、大学での勉学を生かすことができる就職先を郷里で探すことは容易なことではない。郷里への愛着の度合いはともあれ、このような状況が簡単に見通せるようになると、若い世代や中堅層を構成する世帯が都会に転出していくのは自然な傾向であろう。

とするならば、過疎地の再生を考えるには、上下水道の完備や道路の整備さらには医療・福祉分野の充実だけでは住民のニーズに対応していないことは明白であろう。これらの施策が不必要ではなく、より豊かな生活を送るために必要な条件であることはいうまでもないが、地域の再生という本質的な問題を検討するためには、安定した、そして継続的な就労先の創出が何よりも急がれるのであり、この分野の充実こそが将来にわたって住民が地域に定住する傾向を確かなものにしていくであろうと推測される。

4. 人口の都市集中の問題点と新しい動向

他方、これまでみてきたように都市への人口流入は年々増加している。これほどまでに都市への人口集中が発生するのは何故なのか。人それぞれに都市への関心と魅力を感じていることは当然であるにしても、一般的な理由として活発な経済活動を反映して多様な就労機会が数多く提供されていることがあげられる。同時に多くの人が居住していることから、物資の流通が活発になり利便性の高い生活が可能となるような様々な工夫が講じられている。また交通網の整備や各種のサービス業、娯楽施設などの充実も見逃すことができない。さらには大学等の高等教育機関も都会に集中し、進学者をはじめとして当該機関の業務に関わる人材も都市に流入してきた。都市の発展が都会生活への憧れを生み、居住者が一層増加していくという循環を発生させてきたのである。

しかし膨張する都市は同時にマイナスの機能を生み出してきた。都市への人口集中は新たな流入者のための宅地開発を促進させ、結果として都市圏の拡大を招いたことは周知のとおりである。新たな転入者は住宅を購入または賃貸契約に基づいて住まいを確保しなければならないが、その額は経済原則にしたがって決定される。便利さ、快適さと高額負担とは正の相関関係にあり、その逆もまた成り立つという関係である。住宅確保は個人の収入の実態に合わせなければならならず、場合によれば遠距離通勤や窮屈な住環境以外に騒音やその他の立地条件にも妥協せざるを得ない状況は避けられない。また都会人口が多くなるにつれ、鉄道のみならず道路も「通勤ラッシュ」や「渋滞」が恒常的にみられる。また、子どもたちにとって不可欠な公園や遊び場などが不足しがちであるとともに、育児世代には保育施設の不足が深刻な問題になっており、都市の生活環境が万人にとって満足できるものではなくなってきている。むしろ幾多の不利な条件を甘受することさえ強いられているといえよう。

首都機能移転の議論は、一九六〇（昭和三五）年ころから議論の対象となってきたが、一九九〇（平成二）年には国会自身の手によって国会移転の決議がなされているものの、その後は明確な動きは見られない[12]。また中央省庁の地方移転についても検討されてきたものの、部分的な動きが見られるに過ぎず、全体として東京一極集中を緩和する施策が大きく進んできたとはいえない[13]。

一九六〇年代に始まる高度経済成長以後、日本経済はいくつかの壁を乗り越えて、繁栄の道を歩み続けてきた。右肩上がりの成長を期待し、豊かな生活水準が保たれていくであろうという楽観的な見解は広く社会に定着してきた。しかし成熟した社会にあってはこれまでのような力強い経済発展を見通すことはできない。むしろ先にみたように少子高齢化を特徴とする人口の逓減状況のなかでは、「成功願望」や「立身出世」などの伝統的な価値観やそれを基調とする生活意識の転換が迫られてきているといえよう。また子どもたちを取り巻く生活環境のなかで、自由な遊びを通じて得られる対人関係が希薄になるとともに、進学や成績向上のための通塾などによるストレスに苦悩するなど、また次第に窮屈な状況に追いやられるようになってきている。

このような状況において「新型コロナウイルス」が全国的に流行してきたことを受けて、その蔓延を防止するため外出の自粛要請や「密閉・密集・密接」などの回避を奨励する政策がとられてきた。さらには感染防止策の一環として勤務先等に出勤せず、自宅において「テレワーク」を行うことも奨励されてきている。そもそも都会地は人口が多いことからいずれの場所にあっても過密になる可能性が高いため、このような政策を大都市で展開させ、一定の成果を上げることは至難であるといわなければならない。また都市の住民にとって密集、密接を避けることはただでさえ窮屈な都市生活を見直す機会になってきている。

コロナ禍で生活意識や行動がどう変わったかを尋ねた内閣府の調査結果をみると、テレワーク(在宅勤務)経験者のうち四人に一人が地方移住への関心を高めていることが明らかになった。テレワーク経験者の三人に二人は「仕事より生活を重視したい」と意識を変化させていた。また就業者に地方移住への関心度について質問については、テレワーク経験者の約二五%が「高くなった」「やや高くなった」という肯定的な回答をしている。さらにテレワーク経験の有無を問わず三大都市圏の居住者(五、五五四人)に尋ねた質問についても、若者中心に地方移住への関心は高く、特に東京二三区の二〇代では三五・四%、大阪、名古屋圏でも一五・二%という結果が示されている[14]。現実的な動きとして二〇二〇年の七月には東京都から転出する人の数が転入者を上回るようになり、この流れは定着するのではないかという見方が報じられている[15]。さらにはこのような風潮を反映して「コロナ時代の移住先ランキング」と題する雑誌記事も登場するようになってきた[16]。

5. 地方移住の推進策

ここからわかるように、地方への移住を考える人々が一定数いることを考慮すれば、彼らにたいして積極的なアプローチを行うことにより、移住の気持ちを更に確実なものにし、その実現につなげることができれば、過疎に悩む地域の恢復から再生の道がひらけるのではなかろうか。では具体的にはどのような方策が可能であり、また有効性をもつと考えられるであろうか。次にいくつかのプランを提示してみることにする。

過疎地の人口減は単にその地に生まれた子どもの数が減っただけでなく、特に若年層がその地から転出によってより深刻化しているといえる。その理由は多様であろうが、生活をしていく上での困難が背景にあると考えられる。具体的には農林業やその他の稼業を継ぐことを回避しても、それに代わる職業をその近辺で見出すのが困難であることに加え、都会での暮らしと仕事により魅力を感じてそこに引き寄せられていくのである。とするならば都会地から地方への移住を促進させるためには、その地で生活できる基盤として働ける場を提供することが不可欠であろう。地域によってそのような仕事には違いがあるにせよ、新たな産業の誘致や起業を通じて働き手を求める環境が整備されれば、人々が安心して生活できる条件が整うことに繋がる。そのためには過疎に苦悩する自治体に限らず、企業や府県との連携をしていくことを通じて可能性を追求していくことが求められる。

第二に、「地域の消滅」や「廃村の危機」を回避することは喫緊の課題であることはいうまでもない。そのために地方への移住希望者を募り、新しい環境のなかで安心して生活できるように配慮していくことは重要である。彼らが抱く地方への移住希望をより確たるものにし、その実現を後押しするための優遇策もまた検討されてよい。具体的には新たに移り住んできた者にたいして、例えば固定資産税や住民税を軽減もしくは免除することである。国が地方の活性化をうたい、地方創生を政策として掲げていることを考えると、実際に地方へ移住する動きを助長するプランがあってしかるべきであろう。同様に、これまで地域の衰退を支えてきた住民にたいしても、課税行為が平等であるべきことを念頭に、それまでの努力に報いる意味で、このような減税もしくは免税の措置が講じられるべきであることはいうまでもない。

第三に検討されるべき問題として、都会から移住を希望する人々が安心して生活できるための住まいの提供があげられる。どの地であれ、新規に転入してくる人々が新たに住む場を確保するためには住宅を購入もしくは借り入れなければならず、そのために一定の経費が必要である。また仕事や充実した生活を送るために適した場所を探索することは、転入希望者にとって至難の課題となろう。このような困難を回避するため、地元の自治体から住宅地の積極的な紹介や場合によれば利用者にたいする資金援助やその他の優遇措置が講じられるならば、住まいの確保はより円滑に進むものと思われる。同様に、農林業に従事を希望する転入者には農地の一定期間にわたる無償貸与やその他の有利な労働条件が提供されれば、転入希望をさらに後押しすることに繋がるであろう。

第四には先にも述べたように、テレワークが普及しつつある状況を踏まえると、通勤上の不便さは避けがたいものの、通信環境さえ整備されていれば都会地を離れた環境で生活をしながら仕事を続けることは可能であろう。そのためにはテレワークが支障なく行える情報通信環境を整備していけば、通勤や雑踏から解放されて生活したいと思っている人々にとって朗報となるに違いない。

また過疎に苦悩する自治体が全国に数あるなかで、都会からの移住者を受け入れ、地域社会を活性化させたいところがほとんどであろう。これを都会での生活者からみると、どの地域が魅力的であり、受け入れにどのような条件なり配慮がなされているのか、あるいはまたもし移住するならそこでの生活をするなかであらかじめ知っておくべき情報が事前に入手できれば、移住を本格的に考える際に有力な手掛かりとなるはずである。各自治体ではウェッブサイト（ホームページ）において一定の情報を提供しているが、利用者からみれば、このようなサイトを片っ端から閲覧することも不便極まりない。もしこのような自治体のサイトを包括した新たなサイトが存在すれば、たとえば「地方への移住」というキーワードでそのサイトを訪れ、そこでの記述内容に即して希望する条件を絞り込んでいけば、関係する自治体のサイトに辿り着けるというような仕組である。各自治体の協力と連携に基づくこのような試みが実現されれば、利用者にとって利便性が高まることは言うまでもない。このような工夫もまた地方への移住希望者にとってプラスに働き、移住が一層考え易くなることは容易に想像できる。

これとは別に、過疎で苦悩する地域が実際にどのような状況であるのかについて、多くの人々には漠然とした情報しか提供されていないと思われる。そのため過疎地へのマイナスのイメージが固定化するのもある意味で避けがたい。しかしこれを放置し、偏った見方が蔓延することはそれらの地域の活性化を図るうえで決して望ましいとはいえない。これを克服する方策を講じること、すなわち豊かな田園風景や山間の景色や清浄な空気など、その他地域の自然環境の魅力についての理解を進める試みも、より長期的な観点からみれば決して無意味なことではないと思われる。また市内の学校の児童が山村の学校を訪問し、そこで各種の体験学習をすることや地域の子どもたちとの交流、あるいは宿泊を伴う校外学習の一環として山村の学校を利用することなどを通じて、地域環境への理解を深めてもらうことも必要であると考えられる。

6. 教育再生への道筋

近年、全国的に少子高齢化が進む中で、過疎化はより深刻さを増してきていることは先に述べたとおりである。これを教育面からみると、子どもの数が急速に減少しているため、学級数の減少、学校規模の縮小、さらには学校統合による学校数の削減ということになる。

子どもの数の減少が教育面で大きな影響を与えてきていることは否定できない。学級内での通常行われている学習指導ができない、学級としての活動や課外活動や学校行事など学校を上げての活動を行うのに支障をきたしている、などという指摘は先の文科省の資料からも明らかである。これを児童・生徒側からみれば、学習にたいする意欲や競争心が欠落するため、成績の向上が望めない、学級内の人間関係の学習が欠落していくことから、協調性の育成という面からみて卒業後の職業生活に不安を残す、など少人数による学校生活に対する消極的もしくは否定的な見解が数多く示されてきた。

またこれとは別に小規模学校の運営について、所要経費の支出が当該市町村の財政規模を圧迫するだけでなく、果たして経費を投入するほどの費用対効果が得られているのかという疑問などから、政府は過疎地における小規模校を統合する政策にシフトし、これが今日まで実行されてきた。

しかしいわゆる小規模校といわれる学校での教育活動はそれほど効果がなく、統合という児童数の増加によってその弱点が解消されると考えるべきものなのであろうか。通常みられる学校風景は確かに一定数の児童が在籍し、定型的な授業やその他の学級活動が展開されており、我々はそれを基本に物事を判断していく傾向にある。このような思考形式は間違いではないものの、そのような基本となる形態を絶対的なものとして受け入れ、それ以外のパターンは例外的もしくはあってはならないものとみなす傾向にあるのではないであろうか。

数名の児童によって構成されている学級における学習活動には効果がないとみなす根拠は果たしてどこにあるのであろうか。一般的にいえば少人数教育は学習上のつまずきを早期に発見し、また標準的な学級よりも学習の進捗状況がわかりやすいため、責任感や学習への愛着が湧きやすいと考えられる。また指導する教員側からも個々の児童・生徒の集中度や理解状況が把握しやすく、それが指導内容の精査や工夫につなげやすいという利点がある。同時に児童生徒の家庭環境やその他の周辺事情がつかみやすいため、指導上必要な情報としてこれらを有効に使うことが可能となろう。

他方ではこのような過疎地域では、学校の周囲に田園や産地が広がり自然学習の可能性が広がっている。子どもたちは四季折々の変化を感じ取れるだけでなく、野菜や果物その他植物の成長が体感でき、また広い空間を活用して、交通事情に左右されることなく遊びに興じることが可能であろう。

教育は指導者、学習者それに学習内容の三つの要素から成り立っている。通常の学校教育についてこれを見れば、学習内容は全国的に共通であり、一般的な地域とへき地校との間の差異は認められない。また児童生徒の態度や行動についても個人差はあるものの、それが地域差を生み出すほど大きいとは考えられない。教育を担当する教員の場合はどうであろうか。学校教員はその職務上、教員免許の取得が義務付けられているため、当該教科などに関する最低限の知識と教養を保持しているといえる。しかしながら教員個人の個性

（年齢、性別、性癖など）については多様であり、児童生徒との間の関係もそれによって左右される。子どもたちから見て尊敬でき、好感がもて、楽しい興味ある授業を構成してくれる先生には信頼性が高く親近感が湧く半面、それとは正反対の空気が支配するケースも十分考えられるのであり、これまた学校の立地する地域差とみなすことはできないであろう。これらのことから学校の立地環境だけでその教育の質を判断することは軽率のそしりを免れないと言わざるをえない。

以上に見てきたように、一般的な地域を標準とし、それに比して過疎地の教育が劣っていると言うことはできない。たしかに両者を比較すると後者にマイナス点がいくつかあることは事実であったとしても、過疎地における環境や教育の実際を観察すれば、いくつかの優位点が見いだせるのであり、両者を比較して一般的な学校での教育が優れているとは一概には言えない。一般的な印象をもとにした優劣の判定と、それにともなう財政上のひっ迫状況から安易に過疎地における学校の閉鎖と統合への道筋は再度考え直す時期に来ているといえよう。むしろこのような過疎地における学校にたいする支援を強化することによって、その地における教育の振興を図っていく必要性が検討されるべきであると思われる。

注

1 国立社会保障人口問題研究所「日本の将来推計人口（二〇一七年推計）」のデータによる。
2 総務省・過疎問題懇談会「過疎対策の地域指定の要件について」二〇一九（令和元）年
3 総務省「平成二八年度版・過疎対策の現況」二〇一八（平成三〇）年三月掲載の図をもとに一部簡略化して作成。

4 「限界集落」とは、人口の五〇％以上が六五歳以上で、農作業や冠婚葬祭など共同体としての機能を維持することが限界に近づきつつある集落を指す。（『知恵蔵』）

5 文部科学省（文部省）「学校基本調査」（各年度）より作成。

6 人口は二〇一五（平成二七）年度国勢調査の結果による（京都府統計書）。学校数ならびに児童数については京都府統計書による数値で、平成三〇年の実績による。

7 地域の分類は京都府教育局の区分に準拠し、京都市、山城（向日市、長岡京市、宇治市およびそれ以南）、南丹（亀岡市、南丹市、京丹波町）、中丹（綾部、福知山、舞鶴の各市）、丹後（宮津市、与謝野町、伊根町、京丹後市）の五地区とした。なお市町村合併により一九五五（昭和三〇）年以後に消滅した自治体の数値については、現行の市町村の区域に算入してある。

8 「へき地」とは、交通条件および自然的、経済的、文化的諸条件に恵まれない山間地、離島等を指す。

9 各年度の文部（科学）省『学校基本調査』にもとづいて作成。

10 文科省「小中学校及び高等学校の統廃合の現状と課題」、二〇一七（平成二九）年一〇月

11 総務省・過疎問題懇談会「過疎対策の地域指定の要件について」二〇一九（令和元）年

12 国土交通省「国会等の移転ホームページ」

13 内閣官房・内閣府、ひと・まち・しごと創生本部「中央省庁の地方移転に関する進捗状況」

14 内閣府「新型コロナウイルス感染症の影響下における生活意識・行動の変化に関する調査」（調査は、緊急事態宣言が全面解除された五月二五日から六月五日まで、一五歳以上インターネットで実施。回答者数は計一〇、一二八名であった。朝日新聞二〇二〇年六月二二日、朝刊三面）これとは別に、内閣官房 まち・ひと・しごと創生本部事務局が行った「移住等の増加に向けた広報戦略の立案・実施のための調査事業報告書」（二〇二〇（令和2）年5月）によれば、東京圏在住者（二〇～五九歳）の四九・八％が「地方暮らし」に関心を持っていること、地方圏出身者の方が東京圏出身者よりも関心が高いこと、

全体的に若者の方が関心を持っていることなどが判明したことが指摘されている。

15 「コロナ禍 東京転出超過」朝日新聞二〇二〇年九月九日、朝刊六面

16 「コロナ時代の移住先ランキング」AERA（No. 36）、二〇二〇年八月

参考文献

・総務省・過疎問題懇談会「過疎対策の地域指定の要件について」二〇一九（令和元）年
・内閣府「新型コロナウイルス感染症の影響下における生活意識・行動の変化に関する調査」二〇二〇年
・文科省「小中学校及び高等学校の統廃合の現状と課題」二〇一七年

あとがき――過疎地教育のメリットと課題

村田翼夫・山口満

過疎地には、人口減少、産業の衰退、限界集落の増加など問題は多いが、自然豊かな環境、絆が強い人間関係を基盤とする共同社会などの良さもある。同時に、過疎地教育のメリットも大いにあり得るし、それらを発展させる課題もあると思う。最後に、そのことについて考察しておきたい。

(1)少人数教育

長野光孝氏が第1章第1節「美山の地域と教育」で述べているように、過疎地の教育に見られるような少人数教育には、多くの利点がある。統合されるまでの美山の小学校は、一〇名足らずのクラスで少人数教育が行われていた。「少人数で楽しく学べるきめ細やかな教育が実践された。先生と子どもの心が通う教育でこそ学力がつく。」と述べられている。また、「個別指導により子どもの個性を発揮しやすくなる」、「地域に根差した教育により主体性が育まれる」といったメリットも指摘されている。

一方、学校統合を促進しようとする文部科学省の指針を見ると少子教育に関し、積極的な評価がなされているとはいいがたい。例えば、二〇一五年一月に配布された「公立小学校・中学校の適正規模・適正配置等に関する手引き〜少子化に対応した活力ある学校づくりに向けて〜」をみると、小規模学校に対する問題が多く指摘されている。学級数が少ないと、「クラス同士が切磋琢磨する教育活動ができない」、「クラブ活動や部活動の種類が限定される」、「男女比の偏りが生じやすい」、「上級生・下級生間のコミュニケーションが少なくなる」、「協働的な学習で取り上げる課題に制約が生じる」など。また、教員数が少なくなると、「児童生徒の良さが多面的に評価されにくくなる可能性がある、多様な価値観に触れさせることが困難となる」、「ティーム・ティーチング、グループ別指導、習熟度別指導、専科指導等の多様な指導方法を取ることが困難になる」など消極的あるいは否定的な表現に満ちている。しかし上述のことが本当に少人数教育で不可能なのか、実証的に証明されたわけではない。統廃合により学校規模を大きくすることの妥当性を強調しているのである。その上、小規模学校、少人数教育のメリットについては全く触れられていない。むしろ実際的な局面における積極的な教育効果を期待して、少人数教育を展開させていくことが課題であろう。

⑵自然教育

筆者が山村留学センターの特色について説明した内容で、「自然との直接体験を通して自分自身の思考力、自立力、集中力ならびに解決力を育てることになる」、「都会の子どもは自然のバーチャル体験を楽しむことはできるが、それは自分の体、心に響かない。直接生命や物に触れる体験を通して思考の礎を築き、思考の葦を磨くことができる」と述べた。

細かく区切られた都会の生活とは正反対に、広い空間の広がりのなかで、遊びの工夫とルールの作成、自由な振る舞いと危険との境界の感知、周囲の環境から得られる感性の育成、四季の移ろいが自分のすぐ近くで感じられることによる自然との一体感、食生物の成長や花、野菜等の育成を通じて得られる満足感や人為の可能性とその限界の学習など、多様な能力の開発が期待できると考えられる。

美山山村留学センターの運営委員長青木氏にインタビューした時、興味深い調査結果の話しがあった。センターで生活した元留学生に調査してみると、社会的に出世して大いなる活動を展開している人が多いということであった。彼らは、自然豊かな環境におけるセンターの体験を通して、忍耐力、社会力、協調性等を身につけた。そのことが責任ある仕事を行っていく力になっているのではないかという見方であった。大変興味深く、有意義な実態である。

久保田賢一氏の第3章「京都・久多で田舎暮らしを学ぶ」で紹介された奥出さんは、久多の村で生活すると奥様の喘息や息子さんのアトピーが治りそれも久多への移住のきっかけであったと紹介されている。空気、水がきれいなことが主な原因と思われる。

森隆治氏が執筆された第2章「チョロギ村（京都・亀岡）の過疎化対策と教育」で紹介された亀岡市神前地区は、チョロギや金時生姜などの薬草栽培を行うと同時に、それを利用した薬草教室、その収穫体験、それに化石のレプリカ作り、砂粒ジュエリーなどの教室も開いている。さらに、二〇一九年四月から「森の自然保育園」が開設され、田植え体験、川遊び、サツマイモ掘りなどを行う自然保育も試みられている。その結果、園児数も増えている。

山口満氏がまとめられた第1章第2節「美山小学校の教育実践と今後の展望」の中でも、地域における自然学習が強調されている。「美山学」の学習では、「地域の教育資源である人、物、自然、文化を教材として取り入れ、児童が学ぶ喜びを味わう中で、学習意欲を高め、他人と協調していくことや他人を思いやる心、美しいものに感動する心を養うなど、豊かな人間性や社会性を培うことを目指す」とある。「美山学」のカリキュラムをみると、小学校二年生の内容として「地域探検や地域の行事を通して、四季の移り変わりを感じながら自然とかかわる。野菜栽培等により達成感や成就感を味わい、自分への自信につなげる」。五年生では、「美山の特色ある農業について体験、聞き調べを行い、これからのよりよい農業や産業に生かす」と述べられている。

さらに、近代教育思想の系譜という観点から、美山小学校の教育実践モデルとして、J・J・ルソーやJ・H・ペスタロッチが唱えた田園教育思想をあげている。そこでは、悪影響の多い都会を離れた田園地帯における、豊かな自然環境の中で知的教育に偏らない全人教育に重点が置かれていた。

⑶学校と地域の協力

「美山学」が推進される背景として、美山の教育的風土が語られていた。学校・教師と地域住民との間に強い信頼関係があり、学校と地域、学校教育と社会教育が一体となって学校づくり、地域づくりが行われてきたということである。美山小学校のコミュニティ・スクールは、こうした地域の背景をもとに学校と地域社会が連携、協議しつつ創出された。具体的には、コミュニティ・スクールを実現するために地域住民が学校運営協議会や熟議へ積極的に参加した。また、美山小学校では、児童生徒が住んでいる地区以外の家庭に一泊二日でお世話になるホームステイが実現した。山村留学センターでも、里親制度が確立し、留学生が毎週地域の家庭にホームステイしていた。他方、児童生徒達は、高齢者施設や保育園を訪れ年寄りや園児とふれあい可能な手伝いをしている。

亀岡市のチョロギ村における「森のステーション」では、児童生徒のために「理科大好き教室」、「子どものための教室」、「チョロギ・金時生姜の収穫体験」など行っているが、いずれも地域住民の自主的な協力により実施されている。

地域の教育発展を計画する時に、教育面のみならず住民の福祉面も考慮して地方自治体、地方教育委員会、ボランタリー組織、住民等で構成されるパートナーシップ組織を設立して、包括的な地域づくりを試みることも、今後、重要な課題であろう[1]。

(4) 過疎地と都市の交流

ネオ内発的発展論で強調されていたように、過疎地の発展には都市との交流が重要である。その観点では、美山山村留学センターの事業は、都市の児童生徒が山村に長期に滞在して山村の子どもや住民と交流するわけでメリットが多い。都市の児童生徒が山村や自然について学ぶばかりでなく、山村の子どもたちや住民も新しい刺激を受け、相互に学び合うことになる。さらに、筆者が留学生達にインタビューした時、彼等／彼女等はセンター生活が終わった後も必ず再訪すると語っていたが、将来、山村へ移住する可能性もないとは言えない。

久多の山村では、通信制高校の生徒や大学生の塾や研修が開かれその住民と交流していた。交流を通して、高校生や大学生が山村における自然生活の良さを認識するばかりでなく、山村住民も彼等との交流を通して山村の良さを再確認していた。

こうした山村と都市の人々の交流の結果、新しいタイプの生活スタイルや新規の産業が創造される可能性がある。実際、徳島県の神山村では、ＡＩ関係の事業者、デザイナー、建築家や芸術家等が外部から移住してきて住み込み新しい産業を発展させている。神山創造学を学ぶ農業高校（城西高校神山校）には県外の生徒も入学している。[2]

⑸地域産業発展に資する教育

村おこしや地域開発にとって地域の産業発展が重要である。それが可能になれば若い世代の移住も現実のものとなるからである。地域産業発展に資する教育に関しては、例えば、チョロギ村における一般者向けの薬草教室があげられよう。薬草の発見や栽培について学ぶ教育を行っている。その教室は、現在、民間の活動として実施されているが、将来、公立学校においても取入れることが望まれる。

また、美山小学校におけるコミュニティ・スクールづくりの活動として紹介されている「美山ブランドシール活動」も興味深い。六年生の取組として美山の特産物や名所であるかやぶきの里等を描いた十九種類のシールを作成し、道の駅や土産物店で売る商品に貼り付けて販売してもらっている。美山町の観光業に資する宣伝活動の一種である。

美山町にある北桑田高等学校美山分校(昼間定時制)は、農業科と家政科を有している。そこでは、地元へのサービスを重ねた農業生産活動に取組んでいる。白菜、玉ねぎなどの野菜の苗作りや伝統的なかぶら(大内かぶら)作りを行い、それを地域住民に安価で販売している。かつては、農業上厄介視されていたタニシの養殖にも取組んだ。さらに藍染も行っていたが、最近、野生の日本茜を栽培し、それを利用した布の茜色染色も行っている。家政科では、食品加工の一環として牛乳からのジェラート作りと販売も実践している。

他方、徳島県神山町にある県立城西高等学校神山校(農業高校)では、地域に根ざした農業教育の取組を行っている。一年生は地域創生類で農業の基礎的知識や技術を習得する。二年生では、環境デザインコースと食農プロデュースコースに分かれる。前者のコースでは、造園計画・技術の学習、森林の伐採実習・木材生産等を学ぶ。後者のコースでは、地産地食を目標にして、安心・安全な農産物の生産(野菜の栽培管理など)、加工調理や商品開発等に取組む[3]。いうなれば地元の農業・林業と結合した教育実践である。

このように地域産業の発展と関係する教育を工夫して行くことも過疎地教育の重要な課題である。

(6)行政による支援

地域による学習やその地の学校教育における数々の実践、さらには自然との交わりの中で得られる多様な経験を通じた人間の成長が期待できると考えられるが、しかし人的なあるいは経済的な面で、このような教育の振興が自然と図られることが期待できるとはいいがたい。地域における「少人数教育」や「自然の中での教育」が所期の成果を生み出し、成長していくためには、それを支える行政の支援が必要となろう。具体的には地域情報の外部への供給と関連する他地域の情報の受容をはじめ、地域における活動を支える人材の登用と育成などが考えられる。このような行政による支援により地域における教育が振興していくことによって、それを包摂する地域全体が活発となり、やがては過疎から脱却できる道筋の開発につながっていくのではないかと考えられる。つまりは過疎の利点をてこに地域全体の向上につなげるという流れが構想できるのではないだろうか。

(7) 教育改革の必要性

以上述べたような過疎地教育のメリットを実現するためには、教育の課題も山積している。地方、国家における重要な教育課題、すなわち教育改革の必要性について以下の三点をあげておく。

①学習指導要領の柔軟化

わが国における学校の教育内容は、主に、文科省が定める学習指導要領に準拠してきた。それは、ほぼ一〇年毎に改訂されてきたが、各教科等の内容はかなり詳細に定められている。しかも、その内容は全国統一的に実施されてきた。教える内容、教える時間は規定されているので、各地域や各学校において自分達の考えで修正することは非常に難しい。いうなれば、地域の特性を教える自然教育、美山学のような内容をカリキュラムに自由に取り入れて実践することにはきびしい制約が伴う。地方、地域、学校の特性および児童生徒の能力や個性に応じて、多様な教育内容をもっと自由に裁量できるようにしたいものである。それには学習指導要領の弾力的な運用（柔軟化）が許されるべきである。

また、次期の学習指導要領の改訂に当たっては、「美山学」に相当するような学習領域を、例えば「ふるさと科」「郷土科」「地域科」といった名称を付けて、小、中学校の新しい教科あるいは領域として創設することを提唱したい。周知のように、二〇〇六（平成一八）年一二月に「教育基本法」の一部改正が行われ、その前文に「伝統を継承し」の文言が入り、「第二条　教育の目標」に、「伝統と文化を尊重し、それらをはぐくんできたわが国と郷土を愛する」ことが謳われたが、「ふるさと科」あるいは「郷土科」の新設は、この理念をカリキュラムのレベルで具体化することになると考えられる。

②教員異動への配慮

公立小学校における教員異動は、各都道府県の教育委員会に各学校の校長が異動教員の申し出を行い決定される。京都府では、以前、教員は三〜五年で異動するケースが多かったが、近年では三年内外で行うケースが増えている。美山町の場合、学校統合される前の諸学校では、地元出身の教員と外部から赴任した教員はほぼ半々であった。また、勤務年数も三年以上が多かった。しかるに、学校統合以後の美山小学校では、地元の教員は少なくなり勤務年数も短くなっているような印象を受ける。このことには、広域人事の重視ということも影響しているであろう。異なる教育条件での経験を重ねるという職能成長の目的やへき地等を抱える自治体にあっては教員への負担を均等にするという目的が挙げられている。そのために一つの市町村を越えて人事を広域に行うという趣旨である。

地元の教員でない場合、地元の歴史、地理、文化や産業などを理解するのに少なくとも一〜二年は要するであろう。新しい教員が、過疎地に赴任して二〜三年で異動することになれば、ようやく地元の実情を理解し、その特性を考慮した教育を実践しようとする時に他校へ行ってしまうことになる。過疎地の教育の改善のためには、教員の勤務年数をもっと伸ばし、地元教員の割合を高めることが必要であろう。

また、教科担任制である中学校では、小規模学校の場合、授業時数が少ない教科(音楽、美術、技術・家庭)の担任には、非常勤講師が充てられることが多い。そのため、部活動の指導や合唱祭・文化祭の準備のための活動に対する指導等に特別な配慮を要する場合が多い。教員の異動や配置に当たっては、小規模学校の生徒が不利な状況に置かれることがないように特別な工夫、配慮が行われることを教育委員会に求めたい。高校についても、中学校と同様なことが起こり得ることになる。

③ 教育費補助の拡大

公立学校への教育経費負担の割合は、全国的にみれば二〇二二年度で大体、国庫補助(一五%)、都道府県負担(四九%)、市町村負担(三一%)、地方債(五%)となっている。国も地方自治体も一般的に財政難のため教育費負担額は減少気味である。

しかし、過疎地やへき地における教育の重要性を考慮して国の方では各種の教育援助を行っている。例えば、公立学校施設整備費として、学校統合に伴う小中学校施設の新増築費がある。また、過疎地域自立促進特別措置法(平成二九年まで)において次のように規定され補助が実施された。過疎地域の自立促進のため「医療の確保」、「高齢者の福祉増進」、「交通の確保」などとともに「教育の充実」が挙げられていた。その中身として、公立小中学校の統合に伴い必要となった教員または職員のための住宅の建築費を市町村に対し経費の一〇分の五・五を補助する(第一一条)。児童生徒の通学を容易にするための自動車または渡船施設費(第一二条)。地域の特性に応じた生涯学習の振興に資するための施策の充実の費用(第一二条)などがあった。ただし、学校統合により廃校になった学校の再利用、山村留学センターへの補助などは項目としても挙がっていない。

京都府においても二〇二一年(令和三年)九月に「京都府過疎地域持続的発展計画(令和三年度〜令和七年度)」が作成され実行されている。その計画にも「医療の確保」、「高齢者の福祉増進」などと並んで「教育の振興」が挙がっている。同内容には、「府立学校施設整備」、「私立高校生の修学支持、授業料の助成」が記載されているだけである。「人材の育成」の項目もあり、「農林産業を担う人材の育成に加え、産業、医療、福祉など各分野の専門的人材の確保、育成についても推進する。」とある。しかし、具体的な方法に触れず、学校教育に関して取り上げられていない。

結果として、美山町において必要不可欠な統合された美山小学校の改築、廃校になった校舎の再利用、山村留学センターの維持などに対する補助が、実際には国(文科省)や京都府から行われていない。過疎地における教育の重要性、前述した大きなメリットを考慮すれば、その教育の維持発展に必要な教育費補助は拡大するべきであろう。

注

1 谷川至孝・岩槻知也編著『子どもと家庭を包み込む地域づくり—教育と福祉のホリスティックな支援』晃洋書房、二〇二二年、一一一〜一一三頁

2 神田誠司『神山進化論—人口減少を可能性に変えるまちづくり』学芸出版社、二〇一八年、第二、三、四章
森山円香『まちの風景をつくる学校—神山の小さな高校が試したこと』晶文社、二〇二二年

3 前掲書、神田誠司、二二九〜二三二頁。

執筆者紹介（執筆順）　○編著者

○村田翼夫（むらた よくお）　はしがき、第1章第3節、あとがき

1941年生まれ。筑波大学名誉教授。京都女子大学教授を経て、現職。博士（教育学）。専攻は、比較国際教育学（東南アジア中心）。

主要著書

編著『東南アジアの教育モデル構築―南南教育協力への適用―』学術研究出版、2018年。編著『多文化社会に応える地球市民教育―日本・北米・ASEAN・EUのケース』ミネルヴァ書房、2016年。共編著『日本の教育をどうデザインするか』東信堂、2016年。共編著『現代日本の教育課題―21世紀の方向性を探る―』東信堂、2013年。

長野光孝（ながの みつたか）　第1章第1節

1941年生まれ。京北町立周山中学校長を経て立命館大学教職支援センター主任、美山知井振興会会長歴任。現在、京都府連合退職校長会顧問・京都府立ゼミナールハウス理事。教育法専攻。

主要著書

編著『京都北桑田・地域ぐるみの教育運動』北桑田教職員組合、1979年。編著『社会科到達度の実践―京都からの報告―』地歴社、1977年。

○山口　満（やまぐち みつる）　第1章第2節、あとがき

1937年生まれ。筑波大学名誉教授・びわこ成蹊スポーツ大学名誉教授。関西外国語大学教授を経て、現職。専攻は、カリキュラム研究。

主要著書

編著『子どもの「社会的自立」の基礎を培う』教育開発研究所、2007年。編著『現代カリキュラム研究―学校におけるカリキュラム開発の課題と方法―』学文社、2001年。共著『教育の個別化』明治図書出版、1988年。

森　隆治（もり たかはる）　第2章

1951年生まれ。NPO法人チョロギ村理事長。前職は京都府保健環境部にて薬事・環境行政に従事後、日東薬品工業㈱常務取締役研究開発本部長。主な開発製品にザ・ガードコーワ整腸錠やパブロントローチAZなどがある。薬剤師。専攻は薬品分析学（京都大学薬学部）。退職後、NPO法人チョロギ村を設立し、少子高齢・過疎化する地域の活性化に取組む。

主要著書

『FOOD Style21 Vol.273』食品化学新聞社、2020年。『薬草の豆知識』NPO法人チョロギ村編、2016年。『神前の薬草』神前ふるさとを守る会編、2011年。

久保田賢一（くぼた けんいち）　第3章

1949年生まれ。関西大学名誉教授、NPO法人学習創造フォーラム代表。関西大学総合情報学部教授を経て、現職。専攻は、学習環境デザイン、国際教育開発。

主要著書

編著『途上国の学びを拓く』明石書店、2021年。編著『大学のゼミから広がるキャリア』北大路書房、2020年。編著『主体的・対話的で深い学びの環境とICT』東信堂、2018年。編著『大学教育をデザインする』晃洋書房、2012年。

上田　学（うえだ まなぶ）　第4章

1947年生まれ。京都女子大学名誉教授。千里金蘭大学教授を経て、現職。博士（教育学）。専攻は、教育行政学。

主要著書

共編著『日本の教育をどうデザインするか』東信堂、2016年。共編著『現代日本の教育課題―21世紀の方向性を探る―』東信堂、2013年。『日本と英国の私立学校』玉川大学出版、2009年。

過疎地の特性を活かす創造的教育――美山町（京都府）のケースを中心に――

2023年1月10日　　初　版第1刷発行　　〔検印省略〕
定価はカバーに表示してあります。

編著者©村田翼夫・山口満／発行者 下田勝司　　印刷・製本／中央精版印刷

東京都文京区向丘1-20-6　　郵便振替 00110-6-37828　　発行所
〒113-0023　TEL（03）3818-5521　FAX（03）3818-5514　　株式会社 東信堂

Published by TOSHINDO PUBLISHING CO., LTD.
1-20-6, Mukougaoka, Bunkyo-ku, Tokyo, 113-0023, Japan
E-mail : tk203444@fsinet.or.jp　http://www.toshindo-pub.com

ISBN978-4-7989-1798-6　C3037

地域子ども学をつくる—災害、持続可能性、北欧の視点　責任編集 天童睦子・足立智昭　一八〇〇円

応答する〈生〉のために—〈力の開発〉から〈生きる歓び〉へ　高橋勝　一八〇〇円

子どもが生きられる空間—生・経験・意味生成　高橋勝　二四〇〇円

流動する生の自己生成—教育人間学の視界　高橋勝　二四〇〇円

子ども・若者の自己形成空間—教育人間学の視線から　高橋勝編著　二七〇〇円

温暖化に挑む海洋教育—呼応的かつ活動的に　田中智志編著　三二〇〇円

人格形成概念の誕生—近代アメリカの教育概念史　田中智志　三六〇〇円

社会性概念の構築—アメリカ進歩主義教育の概念史　田中智志　三八〇〇円

教育哲学のデューイ—連環する二つの経験　田中智志編著　三五〇〇円

学びを支える活動へ—存在論の深みから　田中智志編著　二〇〇〇円

グローバルな学びへ—協同と刷新の教育　田中智志編著　二〇〇〇円

大正新教育の思想—生命の躍動　橋本美保・田中智志編著　四八〇〇円

大正新教育の受容史　橋本美保編著　三七〇〇円

大正新教育の実践—交響する自由へ　橋本美保・田中智志編著　四二〇〇円

いま、教育と教育学を問い直す—教育哲学は何を究明し、何を展望するか　松浦良充・森田尚人編著　三二〇〇円

教員養成を哲学する—教育哲学に何ができるか　林泰成・山名淳・下司晶・古屋恵太編著　四二〇〇円

大学教育の臨床的研究—臨床的人間形成論第1部　田中毎実　二八〇〇円

臨床的人間形成論の構築—臨床的人間形成論第2部　田中毎実　二八〇〇円

越境ブックレットシリーズ

⓪教育の理念を象る—教育の知識論序説　田中智志　一二〇〇円

①知識論—情報クラウド時代の〝知る〟という営み　山田肖子　一〇〇〇円

②女性のエンパワメントと教育の未来—知識をジェンダーで問い直す　天童睦子　一〇〇〇円

③他人事≒自分事—教育と社会の根本課題を読み解く　菊地栄治　一〇〇〇円

④食と農の知識論—種子から食卓を繋ぐ環世界をめぐって　西川芳昭　一〇〇〇円

※定価：表示価格（本体）＋税

〒113-0023　東京都文京区向丘 1-20-6　TEL 03-3818-5521　FAX03-3818-5514
Email tk203444@fsinet.or.jp　URL:http://www.toshindo-pub.com/

東信堂

イスラーム教育改革の国際比較	日下部達哉編著	二七〇〇円
バングラデシュ農村の初等教育制度受容	日下部達哉	三六〇〇円
インドネシアのイスラーム基礎学習の組織的展開―学習テキストの創案と普及	中田有紀	三三〇〇円
中央アジアの教育とグローバリズム	嶺井明子・川野辺敏編著	三二〇〇円
インドの無認可学校研究―公教育を支える「影の制度」	小原優貴	三二〇〇円
タイの人権教育政策の理論と実践―人権と伝統的多様な文化との関係	馬場智子	二八〇〇円
マレーシア青年期女性の進路形成	鴨川明子	四七〇〇円
多様性と向きあうカナダの学校―移民社会が目指す教育	児玉奈々	二八〇〇円
カナダの女性政策と大学	犬塚典子	三九〇〇円
多様社会カナダの「国語」教育（カナダの教育3）	関口礼子・浪田克之介編著	三八〇〇円
21世紀にはばたくカナダの教育（カナダの教育2）	小林順子他編著	二八〇〇円
ケベック州の教育（カナダの教育1）	小林順子	二〇〇〇円
トランスナショナル高等教育の国際比較―留学概念の転換	杉本均編著	三六〇〇円
チュートリアルの伝播と変容―イギリスからオーストラリアの大学へ	竹腰千絵	二八〇〇円
〔第三版〕オーストラリア・ニュージーランドの教育―グローバル社会を生き抜く力の育成に向けて	青木麻衣子・佐藤博志編著	二〇〇〇円
戦後オーストラリアの高等教育改革研究	杉本和弘	五八〇〇円
オーストラリアのグローバル教育の理論と実践―開発教育研究の継承と新たな展開	木村裕	三六〇〇円
オーストラリアの教員養成とグローバリズム―多様性と公平性の保証に向けて	本柳とみ子	三六〇〇円
オーストラリア学校経営改革の研究―自律的学校経営とアカウンタビリティ	佐藤博志	三八〇〇円
オーストラリアの言語教育政策―多文化主義における「多様性と」「統一性」の揺らぎと共存	青木麻衣子	三八〇〇円
英国の教育	日英教育学会編	三四〇〇円
イギリスの大学―対位線の転移による質的転換	秦由美子	五八〇〇円
イングランドのシティズンシップ教育政策の展開―カリキュラム改革にみる国民意識の形成に着目して	菊地かおり	三二〇〇円

※定価：表示価格（本体）＋税

〒113-0023　東京都文京区向丘 1-20-6　TEL 03-3818-5521　FAX03-3818-5514
Email tk203444@fsinet.or.jp　URL:http://www.toshindo-pub.com/

東信堂

教師教育におけるスタンダード政策の再検討 —社会的公正、多様性、自主性の視点から	牛渡淳・牛渡亮	三四〇〇円
アメリカ映画における子どものイメージ—社会文化的分析	K・M・ジャクソン著 牛渡淳訳	二六〇〇円
スチュアート・ホール—イギリス新自由主義への文化論的批判	牛渡亮	二六〇〇円
才能教育・2E教育概論 —ギフテッドの発達多様性を活かす	松村暢隆	三六〇〇円
アメリカの才能教育 —多様な学習ニーズに応える特別支援	松村暢隆	二五〇〇円
アメリカ教育例外主義の終焉 —変貌する教育改革政治	青木栄一監訳	三六〇〇円
米国における協働的な学習の理論的・実践的系譜	福嶋祐貴	三六〇〇円
現代アメリカ貧困地域の市民性教育改革 —教室・学校・地域の連関の創造	古田雄一	四二〇〇円
アメリカにおける学校認証評価の現代的展開	浜田博文編著	二八〇〇円
現代アメリカの教育アセスメント行政の展開 —マサチューセッツ州（MCASテスト）を中心に	北野秋男編	四八〇〇円
現代アメリカ貧困地域の市民性教育改革 —教室・学校・地域の連関の創造	古田雄一	四二〇〇円
アメリカ公民教育におけるサービス・ラーニング	唐木清志	四六〇〇円
〔再増補版〕現代アメリカにおける学力形成論の展開 —スタンダードに基づくカリキュラムの設計	石井英真	四八〇〇円
ハーバード・プロジェクト・ゼロの芸術認知理論とその実践 —内なる知性とクリエティビティを育むハワード・ガードナーの教育戦略	池内慈朗	六五〇〇円
アメリカにおける学校認証評価の現代的展開	浜田博文編著	二八〇〇円
アメリカにおける多文化的歴史カリキュラム	桐谷正信	三六〇〇円
現代アメリカ教育ハンドブック　第2版	アメリカ教育学会編	三六〇〇円
アメリカ教育研究28〜32	アメリカ教育学会編	各二〇〇〇円

※定価：表示価格（本体）＋税

〒113-0023　東京都文京区向丘 1-20-6　TEL 03-3818-5521　FAX03-3818-5514
Email tk203444@fsinet.or.jp　URL:http://www.toshindo-pub.com/